Mit Texten hoch hinaus

Der ultimative SEO Leitfaden für Texter, Marketer & KMUs

Inhaltsverzeichnis

Einleitung **1**

Grundlagen **3**

SEO - eine Definition 3

Nutzungsmotiv und Aufgabe 4

Glossar 6

Über Suchmaschinen 8

SEO verstehen lernen – die Rankingfaktoren **11**

OnPage-Optimierung 13

Inhalte 14

Länge des Inhalts 15

Individualität 16

Technical SEO 16

Website-Usability 17

Click Through Rate (Klickrate) 18

Interne Verlinkungen 19

Verweildauer 20

Domain und SSL Implementierung 21

Quellcode und XML-Sitemap 22

Title Tag und Meta Description 23

Title Tag 23

Meta Description 26

Steuerung von Suchmaschinen 31

„Robots.txt vs. Noindex“ 35

URL-Sicherheit: HTTPS 36

Offpage-Optimierung 37

Linkaufbau 37

Social Signals 43

Autorität (Domain Authority) 44
Markennennungen / PR.. 46
Reihenfolge der SEO-Maßnahmen 48
SEO Mythen 50
Relevanz von Local SEO.. 56
Wichtige Rankingfaktoren und Tipps zur Anwendung 59
Position und Entfernung... 60
OnPage-Optimierung 60
Google My Business 61
NAP (Unternehmensdaten) 62
Local citations (Branchenverzeichnisse) 62
Datenstruktur – „schema.org“ 63
Bewertungen 63
Leitidee des Textes 65
Ziele definieren 67
SEO-KPIs 69
SMART – Methode 71
Zielgruppe festlegen.. 74
Zielgruppenansprache 79
Themenauswahl 81
Offene Fragen klären 84
Leseverhalten im Netz 88
Textgestaltung für den Leser 90
Struktur und Aufbau 90
Inhalt und Schreibstil 92
Keyword-Recherche 93
Schlusswort.. 101
Impressum 103

Einleitung

„Content is king“ – dieses berühmte Zitat gilt heutzutage mehr denn je. Mittlerweile erwerben mehr als zwei Drittel der deutschen Verbraucher ihre Waren und Dienstleistungen im Internet und mehr als 80 Prozent nutzen es, um sich vorab über die Produkte zu informieren. Damit erreicht der Online-Handel inzwischen fast das gleiche Niveau wie der ortsgebundene Einzelhandel und die Tendenz ist trotz des vergangenen, starken Wachstums weiter steigend.

Vorbei sind die Zeiten, in denen es gelang, mit halbherzig gestalteter Werbung und mäßig durchdachten Formulierungen spielend leicht Neukunden zu gewinnen. Qualitativ hochwertige Texte stehen daher bei der Planung neuer Internetseiten über allem, denn sie verkörpern ein mächtiges Instrument und sind somit ausschlaggebend für den Erfolg der Website. Einerseits sorgt hochwertiger Content dafür, die ständig wachsenden Ansprüche der Kunden zu erfüllen. Auf der anderen Seite ist relevanter Inhalt für ein gutes Ranking in Suchmaschinen, wie zum Beispiel Google, maßgeblich verantwortlich. Schnell wird klar, dass das Verfassen von Texten das Nonplusultra in Sachen Content-Arbeit darstellt. Texte sollen den Nutzer fesselnd durch die Website führen und bilden so die Basis eines erfolgreichen Businesses.

Aber auch technische Faktoren spielen eine gewichtige Rolle bei der Suchmaschinenoptimierung. Wenn du für deine Website ein besseres Ranking erreichen und die Sichtbarkeit sowie den organischen Suchtraffic erhöhen möchtest, musst du neben Optimierungsfaktoren der eigenen Seite auch einige externe Aspekte berücksichtigen. Dieses E-Book soll Dir dabei helfen, die Wirkung deiner Inhalte zu maximieren und das Potential der jeweiligen Website zu entfalten. Zwar offenbart dieser Leitfaden keine ultimativen Geheimnisse, durch die deine Website automatisch an die Spitze der Google-Suchergebnisse katapultiert wird. Die Suchmaschinenoptimierung ist ein vielschichtiger und facettenreicher Prozess, der viel Zeit benötigt, um all seine Komplexität zu verstehen und zu beherrschen. Wenn du dich an die Tipps und Hinweise an diesem Buch hältst und aus ihnen die richtigen Schlüsse ziehst, können Suchmaschinen deine Inhalte sehr wahrscheinlich besser lesen, verstehen und entsprechend ranken. Ich werde dir vermitteln, warum dir SEO helfen wird und welche Faktoren die Platzierung einer Website in den Suchergebnissen beeinflussen.

Generell richtet sich dieses Buch an all jene Personen, die sich mit der Erstellung von Online-Content beschäftigen. Wolltest du also schon immer wissen, wie du web-optimierte Texte verfassen kannst, die sowohl Nutzer als auch Suchmaschinen lieben werden, dann solltest du direkt mit dem Lesen beginnen.

Viel Spaß!

Grundlagen

Zum Start dieses E-Books möchte ich dir zunächst die Grundlagen der Suchmaschinenoptimierung näher bringen. Da das Thema SEO an sich schon sehr komplex und umfassend ist, werde ich dir Schritt für Schritt die wichtigsten Faktoren beibringen, die es bei deiner Optimierungskampagne zu beachten gilt. Die Suchmaschinenoptimierung ist keine vor der Öffentlichkeit verborgene Wissenschaft und keine einmalige Maßnahme. Stattdessen bildet sie die Basis aller Aktivitäten im Internet. An keiner Stelle kann man potentielle Kunden so günstig und geradlinig erreichen wie durch die Nutzung einer Suchmaschine. Ich zeige dir, warum SEO im Laufe der Jahre essentiell geworden ist und werde zudem einige Mythen widerlegen, denen du lieber keinen Glauben schenken solltest.

SEO - eine Definition

Der Begriff Suchmaschinenoptimierung wird im Fachjargon häufig mit SEO abgekürzt. Diese Kurzform kommt aus dem Englischen und steht für „Search Engine Optimization". Wie der Name schon sagt, soll die Trefferquote bei Suchmaschinen, also explizit die Platzierung in den Suchergebnissen, verbessert werden. SEO ist Teil des gesamten Suchmaschinenmarketings und umfasst alle Maßnahmen, die eigene Website oder einzelne Unterseiten einer Internetpräsenz so zu optimieren, dass die

Besucheranzahl über die organische (nicht bezahlte) Suche von Suchmaschinen gesteigert wird. Oft tauchen auch Formulierungen wie SEO-Optimierung auf, was allerdings als sinnverwandt und somit „doppelt gemoppelt“ einzustufen ist, denn entschlüsselt spräche man dann von einer Suchmaschinenoptimierung-Optimierung.

Nutzungsmotiv und Aufgabe

SEO ist aus unterschiedlichen Perspektiven betrachtet eine ausgesprochen lohnende Angelegenheit. Du hast die Möglichkeit, nahezu ohne die Aufwendung finanzieller Mittel, sehr viele Besucher auf deine Website zu führen. Suchmaschinen lieben einzigartigen Content. Du fängst gerade an, einen eigenen Blog ins Leben zu rufen und bist noch ein unbeschriebenes Blatt? Kein Problem! Mit SEO kannst du völlig eigenständig neue Zielgruppen heranziehen und Leads generieren, ohne dafür irgendeine Person oder eine Agentur indirekt zu beteiligen.

Laut aussagekräftiger Analysen ist es praktisch erwiesen, dass es kaum ein Besucher in den Suchergebnissen bis auf die dritte Seite schafft, sondern die Suche vorher für beendet erklärt. Daher ist es umso wichtiger, sich durch qualitativ hochwertige und individuelle Inhalte von der Masse abzuheben. Ein Ranking auf den ersten Plätzen ist zudem mit kostenloser Werbung gleichzusetzen, denn so kannst du einen großen Teil des Besucherstroms direkt auf die Website lotsen. Ein beträchtlicher Anteil derer, die sich für deine relevanten Suchbegriffe interessieren, sind potentielle Kunden und somit auch verbunden mit erhöhtem Umsatz. Eine ausgeklügelte SEO-Strategie ist also auch eine Form der Marketing-Strategie. Die Suchmaschinenoptimierung hebt nicht nur die Website auf ein höheres Niveau, sondern steigert auch die Nutzerfreundlichkeit, auch „user experience“ genannt. Sollten Besucher auf einer Website nicht das vorfinden, was sie im Rahmen ihrer ursprünglichen Suchintention erwartet hatten, dann werden sie ziemlich direkt wieder zu den Suchergebnissen zurückkehren. Daher gilt es, mit gezielten Maßnahmen diese Absprungrate (bounce rate) niedrig zu halten.

Google funktioniert hierbei sehr strikt und kontrolliert die Benutzersignale. Sobald sich Unzufriedenheit der Benutzer bemerkbar macht oder gar etabliert, weil diese nicht die gewünschten Inhalte präsentiert bekommen, wird die Website abgestraft und im Ranking schlechter positioniert. Somit empfiehlt es sich, mit suchmaschinenfreundlichen Inhalten und technischen Faktoren gegenzusteuern, ehe man in der Bedeutungslosigkeit des Internets verschwindet. SEO hilft auch dabei, die im Text beworbene Marke zu stärken und sich im Vergleich mit der Konkurrenz zu behaupten. Bei einer Produktbeschreibung für einen Shop kannst du mit suchmaschinenoptimiertem Content herausstechen, während eine Vielzahl anderer Shops es nicht tun.

Glossar

An dieser Stelle möchte ich dir vorab ein kurzes Glossar mit den wichtigsten Begriffen zur Verfügung stellen, die in diesem E-Book verwendet werden.

- **SEO**: Suchmaschinenoptimierung (engl.: search engine optimization (SEO) bezeichnet alle Maßnahmen, die sich vorteilhaft auswirken, die Sichtbarkeit einer Website und ihrer Inhalte für Benutzer einer Internetsuchmaschine zu erhöhen. Die Optimierung bezieht sich auf die Verbesserung der unbezahlten Ergebnisse im organischen Suchmaschinenranking und klammert direkten Traffic und den Kauf bezahlter Werbung aus. SEO beschreibt auch die Stellenbezeichnung einer Person, die im Fachgebiet der Suchmaschinenoptimierung beschäftigt ist.
- **SERP**: ist die Abkürzung der englischen Bezeichnung „Search Engine Result Page" und benennt die Seite der Suchergebnisse nach Eingabe eines oder mehrerer Keywords in eine Suchmaschine. Die Suchergebnisseiten unterscheiden sich von Suchmaschine zu Suchmaschine, aufgrund unterschiedlicher Algorithmen. Google stellt je nach Anfrage neben den klassischen organischen Suchergebnissen auch eine Vielzahl weiterer Ergebnisse

zur Verfügung, wie beispielsweise Bilder, Maps, Videos oder Shopping-Anzeigen.

- **Index**: beschreibt im Allgemeinen ein geordnetes Verzeichnis oder Register in einem Nachschlagewerk (z.B. einem Lexikon, Atlas oder Branchenverzeichnis). Anders als bei den o.g. statischen Nachschlagewerken ist der Google Index äußerst dynamisch. Dieser stellt die Gesamtheit aller von Google erkannten Webseiten dar, wobei ständig neue Websites hinzukommen und andere entfernt werden. Der Inhalt einer Seite und deren Internetadresse (URL) werden im Indexeintrag beschrieben und festgehalten. Indexieren bezeichnet dabei den Prozess, bei dem Google eine Seite abruft, liest und den Index ergänzt. Die SERPs beinhalten somit lediglich Seiten aus dem Index. Im Umkehrschluss werden Seiten, die nicht im Index stehen auch nicht in den SERPs angezeigt. Verstößt eine bestehende Seite entschieden gegen die Google Richtlinien, führt dies zu einem Ausschluss aus dem Index und folglich aus den SERPs.
- **Crawler**: werden auch Bots oder Webcrawler genannt und bezeichnen automatisierte Softwareprogramme, die das Internet durchsuchen. Bei diesem Prozess werden Inhalte von Seiten wie Texte, Bilder oder Videos analysiert und indexiert. Der Zweck solcher Bots besteht darin, herauszufinden, um was es bei einer Website geht,

damit diese Informationen bei Bedarf abgerufen werden könne. Vor allem Provider von Suchmaschinen verwenden Crawler für die Indexierung von Websites. Google benutzt gleich mehrere verschiedende Crawler für die Websuche, die Bildersuche, Google Ads, aber auch für mobile Websites (z.B. googlebot, googlebot-mobile, etc.). Webcrawler anderer Suchmaschinen sind „Yahoo!Slurp" von Yahoo, „bingbot" von Bing und der Alexa Crawler „ia_archiver".

- **Sitemap.xml:** ist eine Auflistung aller URLs einer Website im XML-Format. XML (engl.: Extensible Markup Language) steht für eine Auszeichnungssprache, die - vergleichbar mit HTML - auf Websites verwendet werden kann. Durch das Hochladen einer XML-Sitemap in der Google Search Console wird Google über alle URLs, die auf einer Seite existieren, in Kenntnis gesetzt. Dies beeinflusst die Indexierung von Unterseiten oder schwer zugänglichen Inhalten, wie beispielsweise Bildern, und hilft Google dabei, den eigenen Crawling-Prozess zu verbessern.

Über Suchmaschinen

Suchmaschinenoptimierung funktioniert im Grunde bei allen großen und gängigen Suchmaschinen. Diese werden im Englischen „major search engines" genannt und sind allesamt linkbasiert. Aufgrund des hohen Marktanteils von Google, hat sich im deutschen Sprachgebrauch vor allem der Begriff „Google-Optimierung“ etabliert. Mit einem beeindruckenden Anteil von über 90% Prozent aller Suchanfragen hat Google für die Suchmaschinenoptimierung klar die Nase vorn in Deutschland. Abgeschlagen auf den Plätzen befinden sich Baidu, Yahoo und Yandex. Eine Suchmaschine hat im Grunde genommen zwei Aufgaben. Die erste Aufgabe besteht in der Sammlung verschiedener Websites, die folglich in den Ergebnisseiten und nach Relevanz geordnet neu positioniert werden. Hierbei nutzen die Suchmaschinen sogenannte Bots, also Computerprogramme, die wie eine automatisierte Maschine darauf programmiert sind, bestimmte Aufgaben zu bearbeiten, ohne dass es den Eingriff eines Menschen bedarf.

Die Googlebots, auch Crawler genannt, durchsuchen permanent Milliarden von Webinhalten, um diese in den Google-Index aufzunehmen. Wenn in Bezug auf das Internet vom „Index“ gesprochen wird, bezieht sich der Begriff in erster Linie auf den Index einer Suchmaschine und in den meisten Fällen auf den Index von Google. Dieser beschreibt eine gigantische Menge an Dateien, die die Suchmaschine zu Milliarden von URLs auf den eigenen Servern gespeichert hat, um daraus passende Suchergebnisse herzustellen. Angesichts der Fülle an Informationen und Inhalten im Internet, ist Google darauf angewiesen, eine Vorsortierung bei einer Suchanfrage durchzuführen. Ziel des Ganzen ist, möglichst relevante

Ergebisse herauszufiltern und auszuliefern. Du solltest großes Interesse daran haben, dass die von dir genutzten Websites optimal von Crawlern durchsucht werden können, damit alle relevanten Inhalte auch in den Index der Suchmaschine gelangen.

Die internen Rankingsysteme wirken bei Suchanfragen auf Basis einer Vielzahl von Algorithmen, um die Relevanz und Nützlichkeit von zuvor indexierten Informationen festzulegen. Stellt man sich den Index einer Suchmaschine als kolossalen Berg an Terrabytes Daten vor, wird einem klar, welche außerordentliche technische Aufgabe zum Sortieren dieser Datenmassenn entsteht. Die Algorithmen legen fest, welche Inhalte zu welcher Suchanfrage herausgegeben werden. Da Google die Mutter aller Suchmaschinen darstellt, sprechen wir im Volksmund auch vom Google Algorithmus. Dieser ist zum Teil streng geheim und wird nicht publiziert. Dennoch gibt es handfeste Hinweise, welche Faktoren einer Website einen positiven Einfluss bei der Suche haben. Die Allgemeinheit geht davon aus, dass der Google Algorithmus die Relevanz einer Website zu einer Suchanfrage anhand von mittlerweile mehr als 300 verschiedenen Faktoren ermittelt. Die Grundlage hierfür liefern die Daten im Index.

SEO verstehen lernen – die Rankingfaktoren

Wie bereits im vorherigen Kapitel erwähnt, ist der Algorithmus der Suchmaschinen stets im Wandel. Um die Ergebnisse fortwährend zu optimieren, arbeiten Entwickler beständig an der Weiterentwicklung des Google-Algorithmus. Es ist sicherlich nicht einfach, sich dauerhaft mit den aktuellen News vollzusaugen, doch der Aufwand lohnt sich. Du solltest dabei das Ziel nicht aus den Augen verlieren, gute und relevante Inhalte zu kreieren, die Vertrauen und Qualität ausstrahlen. Nur so führst du Besucher auf deine Spur und überzeugst sie davon, zu bleiben oder wiederzukommen.

Doch wie gelingt das überhaupt und welche Faktoren sind wichtig, um dieses Ziel zu erreichen? Bei der Suchmaschinenoptimierung ist es von enormer Bedeutung, zu verstehen, welche Aspekte eine Wirkung erzielen können und welche nicht. Als Ranking-Faktoren werden somit alle Eigenschaften einer Website bezeichnet, die für die Positionierung deines Inhalts in den Suchergebnissen des jeweiligen Suchmaschinenbetreibers relevant sind. Google gibt sogar regelmäßig bekannt, welche Elemente für das Ranking von Belang sind, allerdings fließen etwa 300 Faktoren in den Algorithmus ein, der bei der Erstellung der Suchergebnislisten zur Anwendung kommt. Einige dieser Faktoren sind der Allgemeinheit bekannt und wurden von Unternehmen bestätigt, allerdings gibt es auch solche Faktoren, die als Geheimnis gehütet werden, um eine gezielte Manipulation zu verhindern. Dennoch existieren unter SEO-Spezialisten umfassende Listen mit Rankingfaktoren, die als sehr wahrscheinlich gelten. Diese Faktoren werden in zwei Hauptbereiche kategorisiert, die es gleichermaßen zu beachten gilt.

Deine Strategie zur Suchmaschinenoptimierung lässt sich demnach folgende Bereiche aufteilen: OnPage-SEO und OffPage-SEO. Obwohl sie völlig gegensätzliche Seiten derselben Medaille darstellen, sind beide Elemente maßgeblich entscheidend für den Erfolg deiner SEO-Kampagne. Der Kontrast wird ersichtlich, wenn wir verstehen lernen, wie die Algorithmen der bedeutenden Suchmaschinen funktionieren.

Google, Baidu & Co. ziehen für die Bewertung einer Website im Vergleich zu anderen Seiten im Internet vor allem zwei Hauptbereiche in Betracht:

- **OnPage-SEO** gibt an, worum es bei einer Website thematisch geht.
- **OffPage-SEO** gibt an, wieviel Autorität eine Website besitzt und wie beliebt sie ist.

Mit anderen Worten bedeutet es, dass die Suchbegriffe, für die eine Website rankt, zum Großteil durch OnPage-Faktoren bestimmt wird. Die Position in den Suchergebnissen wird jedoch von OffPage-Faktoren beeinflusst. Für eine ganzheitliche SEO-Kampagne sind gezielte Maßnahmen erforderlich, die aus beiden Hauptbereichen stammen. Deshalb ist es von Nöten, die Suchmaschinenoptimierung als Gesamtkonzept zu verstehen, wenn du nachhaltige Erfolge mit deinen SEO-Maßnahmen erreichen möchtest. Dabei verhält sich jede einzelne Maßnahme wie ein Zahnrad, das akkurat in ein anderes greifen muss, damit sich das Rad als Ganzes schließlich drehen kann. SEO besteht nicht nur aus ein paar Klicks am Monitor, die alle Aktivitäten zur Optimierung einer Website abdecken, sondern ist weitaus vielschichtiger.

Nachfolgend habe im einen kompakten Überblick über die wichtigsten SEO-Maßnahmen zur OnPage-/und OffPage-Optimierung erstellt, damit es uns zusammen gelingt, dieses umfangreiche Gebilde etwas heller zu beleuchten.

OnPage-Optimierung

Mit dem Begriff OnPage-Optimierung (auch bekannt als „on-site-SEO“) sind alle Maßnahmen der Suchmaschinenoptimierung gemeint, die auf der eigenen Website durchgeführt werden. Hierzu zählen sowohl die inhaltlichen als auch die technischen Aspekte (Technical SEO) einer Seite. Diese stellen gewisse Parameter dar, über die du die volle Kontrolle hast und die du auf der eigenen Website beliebig anpassen kannst. Nachfolgend die wichtigsten Elemente der OnPage-Optimierung.

Inhalte

Deine potentiellen Kunden suchen nach hochwertigem Content. Sie konsumieren Ratgeber, Produktinformationsseiten und stöbern nach attraktiven Angeboten. Die Suche nach Antworten ist vereinfacht gesagt der SEO-Start. Gute Suchergebnisse in den Suchmaschinen lassen sich effektiv erzielen, indem jede Unterseite deiner Website einen originellen, einzigartigen Text beinhaltet. Hierbei ist es sehr zu empfehlen, einen Inhalt zu kreieren, der die häufigsten Fragen in Bezug auf all deine Keywords beantwortet. Dieser Text sollte die angesprochenen Schlüsselwörter stets auf eine natürliche Art und Weise integrieren. Ist beipielsweise von einem Dachdecker die Rede, so sollten die Schlüsselwörter der Startseite etwa „Dacharbeiten", „Dachdeckerspezialist" oder „Experte für Bedachung und Fassade" beinhalten. Suchmaschinen zielen darauf ab, die Absicht der potentiellen Besucher zu verstehen und schließlich optimale Ergebnisse aufzulisten. Du kannst die Besucheranzahl erhöhen, indem du immer wieder neuen Content erstellst, zum Beispiel unter Verwendung eines Blogs oder einer FAQ-Seite.

Länge des Inhalts

Um einmal die Rahmenbedingen anzusprechen, so hat sich unter SEO-Anwendern eine Zahl von etwa 300 Wörtern reinen Textes als Mindestmaß für eine Unterseite herauskristallisiert. Unter dieser Grenze fällt es sogar dem erfahrensten Profitexter schwer, hochwertigen und vor allem verwendbaren Content zu produzieren. Extrem kurze Texte, also nur eine Handvoll Wörter, sind für den Konsumenten eher nicht interessant, denn sie sind nicht in der Lage, für einen gehaltvollen Mehrwert zu sorgen. Im Kern geht es darum, dem Besucher immer ausreichend Content zur Verfügung zu stellen, um seine Bedürfnisse zu befriedigen.

Nach oben sind der Fantasie in Bezug auf die Textlänge zwar keine Grenzen gesetzt, allerdings gilt auch hier oft das Motto „weniger ist mehr". Bei einem besonders langen Text ergibt es durchaus Sinn, diesen auf mehrere Unterseiten zu verteilen, um so die Suchabsichten möglicher Nutzer gezielter bedienen zu können. Damit Inhalte attraktiver gestaltet werden können, sollte zudem überlegt werden, den Text mit anderen Contentarten zu koppeln. Hierbei dürfen sowohl passende Diagramme, Bilder oder Fotografien eine Rolle spielen. Sie dienen dazu, den Textinhalt visuell zu veranschaulichen und die Aussage des Textes zu verdeutlichen.

Individualität

Die Individualität von Texten ist ein essentieller Rankingfaktor einer Website in den organischen Suchergebnissen einer Suchmaschine. So beschreibt der Begriff „unique content" individuelle Inhalte, welche lediglich auf einer einzigen Website anzutreffen sind. Für die Erstellung von hochwertigen Inhalte ist eine umfassende Recherchearbeit unabdingbar. Du kannst die Informationsdichte erhöhen, indem du mehrere verschiedene Quellen verwendest. Somit steigerst du den Mehrwert für den Besucher der Website. Kreiere stets individuelle Inhalte, auch wenn deine jeweilige Rubrik schon sehr oft zuvor behandelt wurde. Vermeide im Gegenzug Kopien anderer Inhalte, denn Google erkennt bloßes „copy and paste", was zu rechtlichen Folgen für den Websitebetreiber führen kann. Suchmaschinen sind so programmiert, dass das oberste Ziel lautet, ein bestmögliches Nutzerlebnis für den Besucher zu erschaffen. Daher erkennt die Suchmaschine die Website mit dem Originalinhalt und stuft sie im Ranking bedeutend höher ein, während Dublikate weiter unten positioniert oder gar abgestraft und aus dem Index verbannt werden.

Technical SEO

In früheren Zeiten hat man bei der Suchmaschinenoptimierung lediglich zwischen den zwei bedeutenden Hauptkategorien

Onpage-Optimierung und Offpage-Optimierung unterschieden. Mit den Jahren ist aus dem Bereich der Onpage-Optimierung ein drittes Gebiet entstanden, welches zunehmend an Stellenwert gewinnt und sich auf die technischen Optimierungsmöglichkeiten einer Website fokussiert. Technical SEO, beziehungsweise die technischen Faktoren der Suchmaschinenoptimierung, ist zwar nicht allein verantwortlich für ein gutes Ranking, allerdings fungiert dieser Teilbereich als Voraussetzung für den Erfolg weiterer Optimierungsmaßnahmen. Technical SEO ist heutzutage quasi unverzichtbar und längst nicht mehr ein bloßes Spielzeug für computeraffine Nerds. Wer eine Internetpräsenz und somit auch den enthaltenen Content optimieren möchte, sollte sich zumindest mit den Basics der üblichen Programmier-und-Auszeichnungssprachen auskennen. Nur wenn du verstehst, wie Server, Website und Co. funktionieren, kannst du erkennen, welche Maßnahmen zur Optimierung notwendig sind und welcher Aufwand dabei anfällt.

Website-Usability

Der Begriff Website-Usability charakterisiert die Benutzerfreundlichkeit einer Seite. Sie stellt ein wesentliches Qualitätsmerkmal dar und gibt Aufschluss, wie gut ein Programm oder eine Website zu benutzen ist. Anders ausgedrückt könnte man auch sagen, dass wir anhand der

Website-Usability herausfinden können, wie gut sich der Besucher auf einer Internetseite zurechtfindet. Hierbei spielt vor allem das responsive Webdesign eine wesentliche Rolle. Diese Technik sorgt dafür, dass eine Website sowohl auf dem heimischen Desktop als auch auf dem Smartphone im richtigen Format angezeigt wird. Die Größe der Website passt sich quasi der Display-Größe an, sodass der Nutzer nicht umständlich heranzoomen muss.

Zudem ist es von immenser Wichtigkeit, dass der Besucher nach Betreten der Website direkt weiß, worum es auf der Seite geht. Inhalt, Themen und Angebote auf der Website sollten immer direkt und eindeutig zuzuordnen sein. Darüber hinaus ist es hilfreich, wenn der Nutzer sich einfach und intuitiv durch die Website navigieren kann. Leicht verständliche Navigationselemente tragen zu einer optimalen Bedienbarkeit der Website bei.

Click Through Rate (Klickrate)

Wenn in der Suchmaschinenoptimierung von Nutzersignalen die Rede ist, dann ist hiermit zweifellos auch die Klickrate gemeint. Der Begriff Klickrate oder auch Click Through Rate beschreibt das Verhältnis der Impressionen einer Website zur Anzahl der getätigten Klicks, die auf dieser getätigt wurden. Der daraus entstehende prozentuale Wert gibt an, wie viele Personen, von jenen, die dazu grundsätzlich die Möglichkeit besaßen, schließlich auch einen Link angeklickt haben. Obwohl Google es dementiert, steht die Klickrate seit langer Zeit unter Verdacht, einen bedeutenden Einflussfaktor für das Ranking einer Website darzustellen. Eine Vielzahl von Tests hat bewiesen, dass, je mehr Klicks ein Suchergebnis aufweisen kann, desto besser scheint es zur Suchintention zu passen und desto relevanter ist es für den Besucher. Die Click Through Rate kannst du optimieren, indem du spannende und eindeutige Titel auswählst und hochwertige Meta-Beschreibungen (s.Meta-Description) erstellst.

Interne Verlinkungen

Zu einem mächtigen Werkzeug, wenn es um einflussreiche Rankingfaktoren geht, zählen auch Verlinkungen. Dabei finden externe Links, also eingehende Links von anderen Domains, am meisten Beachtung, wobei deren Beschaffung meist sehr aufwendig ist und hohe Kosten verursachen kann. Die interne Verlinkung rückt hingegen eher selten in den Vordergrund, dabei ist sie ein wichtiges Instrument bei der Suchmaschinenoptimierung. Unter „Links sinnvoll verwenden“ empfiehlt Google im eigenen „Startleitfaden zur Suchmaschinenoptimierung (SEO)“ sogar den Einsatz interner Verlinkungen. Genau heißt es: „Je besser der Ankertext ist, desto einfacher fällt den Nutzern die Navigation und desto besser versteht Google, wovon die Seite, auf die verlinkt wird, handelt“.

Geht es auf der Zielseite also um „Tommy Hilfiger Jeans“, so ist es erlaubt, die Seite so oft wie man persönlich möchte mit dem Linktext „Tommy Hilfiger Jeans“ zu verlinken. Damit bewegt man sich eindeutig innerhalb der Richtlinien von Google und schöpft eine wirksame Möglichkeit aus, das Ranking der Website positiv zu beeinflussen.

Verweildauer

Die Relevanzbewertung von Suchmaschinen steht unmittelbar im Fokus. Folglich führen sämtliche Signale, die nicht relevante Suchergebnisse markieren, langfristig zu Rankingverlusten. Ein maßgeblicher Faktor ist dabei die Verweildauer. Sie misst die Zeit, die zwischen einem ersten URL-Aufruf und dem Verlassen der Website vergeht. Aus einer höheren Verweildauer lässt sich schließen, dass der Besucher mit den Inhalten der Website zufrieden ist. Um die User länger auf der Website zu halten und das SEO-Ranking zu verbessern, kannst du diverse Kniffe anwenden, aber solltest dabei die Basics nicht vergessen. So muss eine Website in erster Linie schnell erreichbar sein. Ist die Ladegeschwindigkeit zu lang, verliert der potentielle Besucher das Interesse. Die Menüführung sollte klar strukturiert und übersichtlich sein und auch der Einsatz von

Multimedia kann dafür sorgen, dass die Verweildauer deutlich erhöht wird.

Domain und SSL Implementierung

Eine treffende Domain ist der Blickfang einer jeden Internetpräsenz. Die Gestaltung kann der Betreiber nach seinen Wünschen vornehmen. So kann die Domain etwa aus dem Firmennamen, relevanten Keywords oder aus Wortkombinationen bestehen. Wie bei der Erstellung des Inhalts gilt hier die ebenfalls die Regel: Kreiere deine Domain für den User und nicht für die Suchmaschine und entscheide vorab, ob vor deiner Domain ein „www“ stehen soll oder nicht. Beides gleichzeitig ist suboptimal, da es für „Duplicate Content“ sorgt, der von Google negativ bewertet werden kann. In der Google Search Console kannst du angeben, in welchem Format deine URLs ausgegeben werden sollen. Darüber hinaus solltest du zwingend ein SSL-Zertifikat implementieren. Google hat publiziert, dass Websites mit einem solchen Zertifikat bevorzugt werden und zudem fühlen sich Besucher auf Seiten mit einer SSL-Verschlüsselung sicherer und somit besser aufgehoben.

Generelle Annahmen, dass Domains, die relevante Keywords enthielten, gleichbedeutend ohne Prüfung der Website höher in den Suchergebnissen positioniert werden, sind längst widerlegt. Mit dem Update des Google-Algorithmus im Jahr

2012 begutachtet die Suchmaschine erst einmal die Relevanz und honoriert die Domain erst, wenn tatsächlich auch auf der Website ein aussagekräftiger Mehrwert geboten wird. Vielmehr macht es Sinn, für den User einen kurzen und prägnanten Domain-Namen mit hohem Wiedererkennungswert und thematischer Relevanz zu erzeugen.

Quellcode und XML-Sitemap

Ein weiteres Element der technischen Suchmaschinen optimierung ist der Quellcode. Diesen solltest du besser aufräumen, denn unnötige Leerzeichen oder Absätze haben zur Folge, dass Crawler deine Inhalte langsamer durchsuchen und indexieren können. Das Crawl-Budget wird dadurch relativ leichtfertig verschenkt. Überprüfe regelmäßig deinen Quellcode um SEO-Fehler ausfindig zu machen und diese zu beheben. Die Optimierung des Quellcodes ist auch wichtig, um die Ladezeiten einer Website zu verringern, da diese ebenfalls als Rankingfaktor gilt.

Das Anlegen einer XML-Sitemap ist heutzutage eine Grundvoraussetzung für eine professtionelle, technische Suchmaschinenoptimierung. Die Map kann man als eine Auflistung aller auf einer Website verfügbaren Seiten verstehen, also einer Art Inhaltsverzeichnis. Hierbei werden sowohl das Veröffentlichungsdatum als auch das Datum der letzten Aktualisierung jeder einzelnen Seite aufgeführt. Da

Suchmaschinen die XML-Sitemap als Anhaltspunkt nehmen, um eine Website besser crawlen zu können, solltest du auf eine Erstellung keinesfalls verzichten. Schließlich ist Google dann in der Lage, neu veröffentlichte Unterseiten oder aktualisierte Inhalte schneller zu erkennen und zu verarbeiten.

Title Tag und Meta Description

Während eine große Anzahl von Grafikern und Usability-Profis rund um die Uhr am Nutzererlebnis einer Internetseite arbeitet und die optische Qualität immer weiter verbessert, rückt eine recht offensichtliche Möglichkeit der Suchmaschinen optimierung zunehmend ins zweite Glied. Dabei sind Title Tag und Meta Description immer noch zwei der wichtigsten SEO-Faktoren überhaupt. Letztlich geben diese Elemente oftmals den Ausschlag darüber, ob ein Zuwachs an Besuchern aus den organischen Suchergebnissen entsteht oder nicht. Zwar haben Meta Description und Title Tag keinen direkten Einfluss auf das Ranking, allerdings können sie beim User positiv auffallen und somit für eine bessere Klickrate sorgen.

Title Tag

Der Title Tag beinhaltet logischerweise den Titel, die Überschrift oder eine sehr prägnante und komprimierte Beschreibung des Inhalts einer Website. Er wird entsprechend als Überschrift im Snippet auf der Suchergebnisseite einer Suchmaschine abgebildet. Ergo ist der Title Tag auch als eine Art aussagekräftige Visitenkarte anzusehen. Tritt der Suchbegriff, welcher in die Maske einer Suchmaschine eingegeben wurde, im Title Tag auf, wird er fett markiert und hervorgehoben. Jede Seite einer Domain, dessen Ziel ein möglichst gutes Ranking ist, bekommt einen exklusiven Title Tag, der einer Länge von etwa 60 bis 70 Zeichen (variiert je nach Suchmaschine) entspricht. Ein Überschreiten dieser Zeichenanzahl hat zur Folge, dass eine vollständige Darstellung in den Suchergebnissen nicht möglich ist. So könnte beispielsweise der Markenname abgeschnitten werden, was denkbar ungünstig wäre. Dies gilt es natürlich zu vermeiden.

Do's:

- Integration des zentralen Keywords der Website
- Platzierung des Keywords möglichst am Anfang
- Kurze und prägnante Beschreibung des zu erwartenden Inhalts der Website
- Den Nutzer direkt ansprechen, Neugier wecken und zum Klick auf das Suchergebnis motivieren
- Einhalten der Begrenzung von 580 Pixeln (Desktop) und 920 Pixeln (Mobile) in der Breite, um nicht abgeschnitten zu werden (die Folge wäre eine

Nichtbewertung), somit Einhalten der empfohlenen maximalen Länge von etwa 60 – 70 Zeichen

- Benennt am Ende einen Markennamen oder den Anbieter des Contents, um den Nutzer schnell und ausreichend zu informieren, dass er das Gesuchte vorfindet (durch eine Pipe oder einen Bindestrich getrennt)
- Individuelle Erstellung

<u>Don'ts:</u>

- Eine sinnlose Aneinanderreihung von Keywords (bewirkt das Gegenteil vom erhofften Erfolg und wird von der Suchmaschine kritsch gerankt)
- Wortwiederholungen und Rechtschreibfehler
- Verwendung der gleichen Title Tags für jede Seite (nur das Hauptkeyword wird ersetzt)
- Ein zu kurzer Title Tag kann dazu führen, dass die Suchmaschine diesen als nicht relevant genug einstuft. Zudem wird das Klickverhalten der Nutzer mit einem zu kurzen Titel möglicherweise negativ beeinflusst
- Ein zu langer Title Tag führt zur Kürzung durch die Suchmaschine und sorgt dafür, dass durch fehlende Markennamen die Vertrauenswürdigkeit geschmälert wird oder die Nutzer das Klick-Versprechen nicht vollständig erfassen können

Meta Description

Unter einer Meta Description versteht man einen kurzen Text, der unter dem Titel im Snippet auf der Suchergebnisseite einer Suchmaschine dargestellt wird und den Inhalt eines HTML-Dokuments zusammenfassend beschreibt. Die Beschreibung hat das Ziel, dem Besucher direkt verständlich aufzuzeigen, was sich hinter dem Ergebnis verbirgt und ihm auf diesem Weg zu versichern, dass er auf der Zielseite auch jene Informationen vorfinden wird, die er anhand seines Suchauftrags erwartet. Die Meta Tags (Meta Description und Title Tag) stellen für eine Suchmaschine den ersten Ansatzpunkt zur Bewertung einer Website dar. Bedingung hierfür ist, dass die Suchmaschine die Meta Description im SERP (Search Engine Result Pages) Snippet überhaupt einsetzt. Um die Wahrscheinlichkeit zu erhöhen, dass dieser Fall eintritt, sollte deine Beschreibung keinesfalls zu lang sein, die Inhalte deiner Website möglichst genau auf den Punkt bringen und den Nutzer dabei persönlich ansprechen. Diesbezüglich kann es sich lohnen, das sogenannte AIDA-Prinzip (Attention, Interest, Desire, Action) zu verwenden. Übersetzt kommen hierbei vier wesentliche Bestandteile zum Tragen: Aufmerksamkeit, Interesse, Begehren und Aktion. Eine optimale Meta Description deckt diese Punkte nacheinander ab. Wir gehen die einzelnen Bestandteile, die dieses Prinzip beinhaltet, einmal der Reihe nach durch.

AIDA-Prinzip

Attention (Aufmerksamkeit): Im Optimalfall weckst du durch einen den ersten Satz direkt die Aufmerksamkeit des Suchenden. Auch wenn diese Aufgabe dein Title Tag bereits übernommen hat, solltest du diesen Teil nochmals aufgreifen. Platziere das relevante Keyword, aber verwende es nicht inflationär. Vermeide eine komplette Wiederholung des Title Tags, sondern bilde einen neuen Satz. Dieser könnte beispielsweise „SEO gratis lernen" lauten. Die Nutzung eines Häkchens „✓" (Checkmark) erzeugt Zuspruch und eine innere Bestätigung im Unterbewusstsein des Lesers und untermalt die Kernaussage des Satzes. Es ist unerlässlich, dass die Neugier der User geweckt wird, sodass diese aufgrund des Suchergebnisses deine Website besuchen und sich im Optimalfall zu Neukunden entwickeln.

Interest (Interesse): In diesem Schritt geht es darum, das Interesse des Suchenden hervorzurufen. Dies gelingt durch Sätze wie „von qualifizierten SEO-Profis". Die Qualität des Angebots wird zum Vorschein gebracht.

Desire (Begehren): Der Zusatz „250.000 zufriedene Kunden" entfacht das Begehren des Suchenden. Wenn es bereits eine nachweisbar hohe Anzahl zufriedener Kunden gibt, dann wird es sich aller Wahrscheinlichkeit nach um ein qualitiativ hochwertiges Angebot handeln. In diesem Punkt kommt es darauf an, den Kaufanreiz in den Vordergrund zu stellen.

Action (Aktion): Es ist enorm wichtig, mittels eines CTA (engl: call-to-action) eine direkte Handlungsaufforderung an den Kunden zu stellen. Hierzu dienen kurze und prägnante Sätze wie „jetzt anmelden und einen Platz sichern".

Die Voraussetzung für eine gelungene Meta Description ist – ähnlich wie beim Title Tag – die Individualität: für jede Seite sollte eine einzigartige Beschreibung verfasst werden, die den Inhalt ausführlich wiedergibt. Die maximale Anzahl an Schriftzeichen, die in den Suchergebisses angezeigt wird, variiert je nach Suchmaschine. Selbst Google ändert seine Vorgaben recht regelmäßig: waren es bis November 2017 ca. 155 – 160 Zeichen, so wurden bis Anfang Mai 2018 teilweise bis zu 320 Zeichen dargestellt, ehe Google nur wenig später wieder zu den ursprünglichen 155 – 160 Zeichen zurückkehrte. Auch zum jetzigen Stand (2021) sollten für Google maximal 160 Zeichen angepeilt werden. Tritt der in der Suchmaschine eingegebene Begriff in der Meta Description auf, wird dieser in Fettschrifft angezeigt.

Rein aus technischer Sicht wird die maximale Länge einer Meta Description nicht über die Anzahl der Zeichen definiert, sondern auf Pixelbasis anhand der Breite der genutzten Buchstaben berechnet. Google empfiehlt derzeit zwischen 680 (mobile Version) und 920 (Desktopversion) Pixel. Je nach

Betriebssystem, verwendeten Schriftarten und genutzem Webbrowser kann sich die Anzahl der möglichen Zeichen etwas unterscheiden. Bevor ein HTML-Dokument mit der endgültigen Länge des Title Tags online gestellt wird, empfiehlt es sich, das SERP Snippet vorab zu testen. Tools, wie der „Snippet Generator", bewerten den Serientitel und die Länge der Meta Description nach Pixeln. Anhand einer simplen „Risiko-Ampel" lässt sich herausfinden, wie hoch die Wahrscheinlichkeit ist, dass deine definierten Elemente von der Suchmaschine abgeschnitten werden.

Für die Planung einer optimalen Meta Description solltest du auf jeden Fall folgende Punkte beachten:

Do's:

- Integration des zentralen Keywords und / oder Varianten des Keywords der Website
- Ansprache richtet sich direkt an den Nutzer und dessen Suchintention, sodass dieser zum Klick auf das Suchergebnis motiviert wird
- Platzierung einer Handlungsaufforderung (call-to-action), um beim Suchenden eine Reaktion hervorzurufen
- Unicode-Sonderzeichen (z.B. Häkchen) erzeugen im Unterbewusstsein des Suchenden eine innere Bestätigung, dass das richtige Ergebnis gefunden wurde

- Einhaltung der maximal empfohlenen 680 – 920 Pixel, je nach Version. Dies entspricht etwa 155 – 160 Zeichen und sorgt wie beim Title Tag dafür, dass der Inhalt nicht durch die Suchmaschine abgeschnitten wird
- Erstellung einer individuellen Meta Description für jede Seite

Don'ts:

- Fehlende oder mangelhafte Beschreibung des Inhalts, sodass der Suchende nicht weiß, was ihn auf der Seite erwartet. Stimme deine Meta Description auf jede Seite deiner Website ab und vermeide leere Phrasen, die sich nicht von der Masse absetzen
- Fehlende Keyword-Optimierung -> Verwende das zentrale Keyword unbedingt in deiner Meta Description, aber vermeide inflationäres „Keyword-Stuffing"
- Die Verwendung einer Meta Description für mehrere Seiten sollte unbedingt vermieden werden, da Verdoppelungen von den Suchmaschinen mit einem negativen Ranking bestraft werden (Duplicate Content)
- Zu lange Beschreibungen führen dazu, dass die Suchmaschine den Text unvermindert abschneidet. Aber auch eine zu kurze Meta Description ist alles andere als optimal, denn je mehr Platz dein Treffer in den SERPs einnimmt, desto höher ist die Klickrate. Bemühe

dich daher, den maximalen Platz auszufüllen, um die volle Aufmerksamkeit der Nutzer zu gewinnen

Steuerung von Suchmaschinen

Damit dein Content in den Index der Suchmaschinen gelangt, solltest du ein besonderes Augenmerk darauf legen, dass deine Websites optimal von den gutartigen Bots durchsucht werden können. Dies gelingt dir, indem du einen legitimen Kniff verwendest, über den eher selten gesprochen wird und der zugleich nicht besonders schwer umzusetzen ist. Oftmals verbringt man eine Menge Zeit damit, nach Lösungen zur weiteren Optimierung zu suchen. Die Technik, um die es geht, ist eine zeitsparende, unkomplizierte und effektive Methode, diese Optimierung herbeizuführen. Dafür musst du nur eine kleine Textdatei bearbeiten, die sich „robots.txt." nennt. Besondere technische Vorkenntnisse sind ebenfalls nicht erforderlich, um die Vorzüge dieser Datei zu genießen.

Die robots.txt-Datei, auch bekannt als „Robots-Exclusion-Standard-Protokoll", ist eine Textdatei, die die Arbeit der Crawler einer Suchmaschine dirigiert. Mithilfe der Datei kannst du Einfluss darauf nehmen, welche Verzeichnisse von den Suchmaschinen gelesen werden dürfen und welche nicht. Somit fungiert „robots.txt" wie eine Bedienungsanleitung für Webcrawler. Dabei kannst du auch bestimmen, welcher Crawler bestimmte Verzeichnisse, Unterverzeichnisse oder einzelne Dateien durchsuchen, speichern oder sperren kann. Folglich bist du in der Lage, eine Seite beispielsweise für den googlebot zur Durchsuchung freizugeben, diese jedoch für den Crawler von Yahoo zu sperren.

Bei der Durchsuchung deiner Seite wird sich der Crawler einer Suchmaschine jede einzelnes Verzeichnis und Unterverzeichnis vornehmen. Dieser Prozess kostet je nach Anzahl der verschiedenen Seiten eine Menge Zeit, was sich schließlich negativ auf das Ranking auswirken kann, denn die automatisierten Suchprogramme haben nur eine begrenzte Zeitkapazität zur Verfügung. Das sogenannte „Crawl Buget" beschreibt die Anzahl der URLs, die der Webcrawler durchleuchten kann. Mithilfe der „robots.txt-Datei" kannst du den Bots dabei helfen, dieses Budget optimal einzusetzen, sodass nur die relevanten Seiten gecrawlt werden.

Wenn Bots einer Suchmaschine deine Website besuchen wollen, werden sie nach Erstellung der Textdatei erst diese zu Rate ziehen, um Hinweise auf ausgeschlossene Seiten, Verzeichnisse oder Parameter zu finden, die nicht gecrawlt werden sollen oder um ausfindig zu machen, dass Webcrawler die Website nicht besuchendürfen. In der „robots.txt-Datei" kann ebenfalls ein Link zur XML-Sitemap platziert werden, um es auch hier dem Crawler möglichst einfach zu machen, diese auszumachen. Da du dem Bot aufgetragen hast, nur die wichtigsten Inhalte einer Website zu durchkämmen, werden auch nur diese für die Indexierung genutzt.

Damit die Suchmaschinen die robots.txt-Datei finden können, muss diese im Hauptverzeichnis der Domain platziert werden (z.B.: https://www.domain.de/robots.txt). Ist für eine Website eine solche Datei hinterlegt, kannst du diese über die Eingabe in das Adressfeld aufrufen. Ist dies nicht der Fall, wird sie von den Webcrawlern nicht gefunden. Somit wäre die Datei wirkungslos. Ferner kann pro Hauptdomain nur eine robots.txt-Datei existieren. Aber Achtung: Die robots.txt-Datei ist keine technische Sperrvorrichtung, die zugleich vor bösartigen Bots schützt.

Die Textdatei beinhaltet stets zwei Komponenten, die zusammen eine Einheit bilden. Im ersten Schritt wird der „User-Agent", also in diesem Fall der Webcrawler, adressiert. Dabei verwenden wir den Befehl, der den Crawler anspricht -> **User-agent:**

Es folgt die präzise Bezeichnung des Bots oder ein Sternsymbol (*), wenn man alle Bots ansprechen möchte. Als nächstes wird definiert, welches Verzeichnis durchsucht oder nicht durchsucht werden soll. Hierbei werden grundsätzlich zwei **Befehle** unterschieden. „Allow" schließt alle betroffenen Dateien ein und „Disallow" schließt dagegen alle betroffenen Dateien aus.

Beispiele zur Anwendung einer „robots.txt-Datei":

1) **Anwendung:** Allen Webcrawlern das Durchsuchen der kompletten Website erlauben

Befehl: User-agent:* -> Disallow:

2) **Anwendung**: Nur einem bestimmten Webcrawler das Durchsuchen erlauben
Befehl: User-agent: googlebot -> Disallow:

3) **Anwendung**: Bestimmte Seiten vom Durchsuchen durch einen bestimmten Webcrawler ausschließen
Befehl: User-agent: googlebot -> Disallow: /unterseite.html

4) **Anwendung**: Bestimmte Verzeichnisse vom Durchsuchen durch einen bestimmten Webcrawler ausschließen
Befehl: User-agent: googlebot -> Disallow: /verzeichnis/

5) **Anwendung**: Für verschiedene Webcrawler unterschiedliche Seiten ausschließen
Befehle: User-agent: googlebot -> Disallow: , User-agent:* -> Disallow: /unterseite.html , User-agent: bingbot -> disallow: /verzeichnis/

Vorteile für SEO: Um das Crawlbudget nicht unnötigerweise auszuschöpfen, kannst du durch eine korrekte Anwendung der

„robots.txt-Datei“ die Erfolgsaussichten einer Website verbessern. Die Methode hat folgende Vorteile:

- Hilft dem Webcrawler, die Sitemap.xml zu finden
- Hindert die Suchmaschine daran, bestimmte Verzeichnisse, Unterseiten, etc. zu erreichen
- Sorgt dafür, dass doppelte Inhalte nicht indexiert werden (z.B. die Druckversion von HTML-Dateien)

„Robots.txt vs. Noindex“

Eine beliebte Frage, die immer wieder vorkommt, wenn es um das Thema SEO geht ist: Sollte ein Webmaster gewisse Seiten per „robots.txt“ oder via „noindex-Attribut“ sperren? Hierbei gerät oftmals in Vergessenheit, dass diese beiden Methoden nichts miteinander zu tun haben und sich stattdessen grundlegend unterscheiden. Der Befehl „disallow“ in der „robots.txt-Datei“ untersagt den Webcrawlern in einen bestimmten Bereich der Website vorzudringen und die dortigen Inhalte abzuspeichern.

Einzelne Bereiche einer Seite werden hingegen in der „robots.txt.-Datei“ via „disallow“ vom Crawling ausgeschlossen. Dies ist beispielsweise wichtig, wenn die Website einen Mitgliederbereich enthält, der gegebenfalls sogar kostenpflichtig ist. Ohne die „robots.txt-Datei“ könnte sich jeder Besucher die hier hinterlegten Daten über die Suchmaschine aufrufen und somit an sensible

Nutzerinformation gelangen. Der Meta-Tag „noindex“ ist hingegen eine Anweisung, nicht in den Suchergebnissen gelistet zu werden. Die Nutzung der „noindex-Funktion“ bezieht sich auf die ganze Seite, die nach der Angabe nicht mehr indexiert werden kann. So können beispielsweise einzelne, wenig relevante Seiten auf „noindex“ gesetzt werden.

Generell kann man davon ausgehen, dass eine möglichst flache sowie logische URL-Struktur dazu beiträgt, dass eine Website leichter gecrawlt werden kann. Je stärker eine Seite zudem verlinkt ist, desto häufiger und länger wird sie schließlich auch von den Bots durchsucht. Hiernach sind zwei Faktoren entscheidend für einen häufigen Crawler-Besuch: eine hohe Anzahl an qualitativ hochwertigen Backlinks sowie eine übersichtliche interne Verlinkung.

URL-Sicherheit: HTTPS

Ähnlich wie das HTTP-Protokoll, ist auch HTTPS ein Kommunikationsprotokoll zur Datenübertragung im Internet. Der Unterschied zwischen beiden Protokollen ist, dass bei der Verwendung von HTTPS die Daten zwischen User und Webserver verschlüsselt übertragen und somit vor dem Abfangen und vor Manipulation geschützt werden. Ohne Verschlüsselung sind alle zu übertragenden Daten im Netz einsehbar und somit auch leicht veränderbar. HTTPS trägt somit laut Google dazu bei, das Ranking bei vielen Suchanfragen zu verbessern. Speziell Bestellprozesse in Online-Shops, Überweisungen im Internet, und andere Bereiche, bei denen sensible Daten übertragen werden, nutzen daher schon lange bewusst die sichere HTTPS-Übertragung. Ob eine gesicherte HTTPS-Verbindung besteht, kannst du leicht in der Adresszeile deines Webbrowsers ablesen. Google setzt durch die öffentliche Bekanntgabe der Verwendung als Rankingfaktor ein deutliches Zeichen in Richtung Datenschutz und Sicherheit.

Offpage-Optimierung

Die sogenannte Offpage-Optimierung stellt das Gegenstück zur Onpage-Optimierung dar und umfasst sämtliche Maßnahmen, die abseits der eigenen Website vorgenommen werden können, um das Ranking in den Suchergebnissen von Google und anderen Suchmaschinen zu verbessern. Das große Ziel der Offpage-Optimierung ist, eine Website möglichst weit im Internet zu verbreiten, den Bekanntheitsgrad zu erhöhen und möglichst viel Traffic für den Internetauftritt zu generieren.

Linkaufbau

Vorrangig ist hiermit der Aufbau möglichst vieler, hochwertiger und themenrelevanter Backlinks (eingehende Links) gemeint. Die Maxime ist hierbei, andere Websites auf verschiedene

Arten dazu zu verleiten, einen sogenannten Backlink, also einen HTML-Verweis auf die eigene Seite, zu erzeugen. Backlinks fungieren noch immer als einer der am stärksten gewichtetsten Rankingfaktoren bei der Suchmaschinenoptimierung und sind damit unverzichtbar für eine hohe Platzierung innerhalb der organischen Suche. Dennoch wird das Ziel – eine möglichst hohe Position in den Suchergebnissen – nicht durch die Offpage-Optimierung alleine erreicht werden können. Werden jedoch die beiden Säulen der Suchmaschinenoptimierung (Onpage/Offpage) miteinander kombiniert, stehen die Chancen ausgezeichnet, die Website und folglich auch die Platzierung nachhaltig zu verbessern.

Als wichtiger Punkt beim Linkaufbau gilt das Erhöhen der Link Popularity (Gesamtanzahl der Backlinks) und somit auch der Domain Popularity (Anzahl der verlinkenden Domains). Damit soll in erster Linie der Trust, also die Qualität und die Glaubwürdigkeit der Seite, gefördert werden. Desweiteren ist es dir möglich, im Zuge der Offpage-Optimierung mehr Traffic herbeizuführen, da ein Backlink einer stark besuchten Seite als Qualitätsmerkmal anzusehen ist und somit auch mehr Besucher über diesen Link generiert werden können. Ein weiterer positiver Aspekt ist die Tatsache, dass Google und andere Suchmaschinen als Folge der stärkeren Verlinkung und der damit anwachsenden Besucherzahlen mehr Nutzersignale erhält. Eine hohe Verweildauer, eine niedrige Absprungrate sowie eine hohe Klickrate können das Ranking wiederum positiv beeinflussen.

Schon seit den frühesten Anfängen des Internets sind Verlinkungen von Websites auf andere Websites elementare Anhaltspunkte darüber, wie relevant eine Seite hinsichtlich einer Suchanfrage ist. Jeder Querverweis steht somit für eine direkte Empfehlung oder Refezenz einer Website für eine andere Seite. Allerdings ist Backlink nicht gleich Backlink: Suchmaschinen ziehen zur Bewertung einer Verlinkung verschiedene Aspekte in Betracht. Unter anderem spielt hierbei neben der Themenrelevanz des Linktextes auch die Linkposition, die Anzahl der Links von einer Quelle und vor allem die Qualität der verlinkenden Seite eine gewichtige Rolle.

Google und andere Suchmaschinen bewerten es positiv, wenn eine Website Backlinks organisch, also auf natürliche Art und Weise, aufbaut, weil sie dann hochwertigen Inhalt offeriert und Nutzer folglich aus freien Stücken einen Querverweis auf die Website herstellen. Somit fungiert der Link als eine direkte Empfehlung an den Nutzer, dass eine andere Website einen Mehrwert zu einem bestimmten Thema bietet. In der Praxis wird jedoch von Webmastern und SEOs gezielt probiert, mit dem Aufbau von Backlinks die Anzahl der Querverweise zu einer Seite positiv zu beeinflussen. Hierfür existieren verschiedene Strategien, von denen einige von Suchmaschinen positiv beurteilt werden. Andere wiederum werden von Google

& Co. bei Entdeckung abgestraft und fließen somit negativ in das Ranking mit ein. Google gibt speziell in seinen Webmaster-Richtlinien eine klare Richtung vor, was in der Suchmaschinenoptimierung zum Linkaufbau erlaubt ist und was nicht. Im Folgenden stelle ich dir hierzu einige Möglichkeiten vor, die von Webmastern und SEOs für diesen Zweck genutzt werden:

- **Hochwertiger Content:** Die sicherste Methode, und somit der Königsweg, um einen erfolgreichen Backlink-Aufbau zu betreiben, besteht bei der Suchmaschinenoptimierung darin, eine „echte" Empfehlung einer anderen Website zu erhalten. Dieses Vorhaben glückt am besten mit qualitativ hochwertigen Inhalten. Hierbei gilt: je höher die Qualität des Contents einer Webseite ist, desto größer ist die Wahrscheinlichkeit, dass es gelingt, den Nutzer zu einer freiwilligen Verlinkung zu begeistern. Deshalb ist die Basis eines organischen und nachhaltigen Linkaufbaus, dafür Sorge zu tragen, einzigartige und hochwertige Inhalte zu kreieren, die dem Nutzer einen direkten Mehrwert bieten und entsprechend die Bedürfnisse des Suchauftrags bedienen. Was genau guter Inhalt bedeutet, lässt sich nicht pauschalisieren, sondern ist stets abhängig von der jeweiligen Website und deren Zielgruppen, Zielen und Strategien.

- **Aktiver Linkaufbau (selbst eintragen):** Das manuelle Platzieren von Backlinks, beispielsweise in Foren, Verzeichnissen, Katalogen oder Kommentaren, gilt als eine der simpelsten und zügisten Methoden, die jeder Webmaster und SEO eigenhändig und ohne Probleme selbst vornehmen kann. Der Nachteil ist, dass dadurch die Effektivität stark limitiert ist und darüber hinaus das Platzieren von Links an einer falschen Stelle, zum Beispiel in einem negativ gerankten Forum, sogar schlechte Auswirkungen auf das eigene Ranking zur Folge haben kann. Zudem läuft man Gefahr, dass die platzierten Links bei dieser Strategie mit einem „nofollow-Tag" gekennzeichnet werden. Dieses Tag wurde von Google eingeführt, um gegen Kommentar-Spam vorzugehen. Auf diese Art und Weise wird Personen Einhalt geboten, die versuchen, die Suchmaschinen-Rankings ihrer eigenen Websites positiv zu beeinflussen, indem sie Blog-Kommentare, wie etwa „Besuchen Sie meine Discount-Sportlernahrung-Website" zurücklassen. Das „nofollow-Tag" blockiert diesen Spam, was dazu führt, dass Links dieser Art keine Wertung mehr erhalten, die für die Platzierung in den Suchergebnissen relevant ist.
- **Gastartikel:** Hochwertige Inhalte sind nicht nur auf der eigenen Website von großer Bedeutung. Es besteht die Möglichkeit, in Form von seriösen Gastartikeln aktiv

Aufmerksamkeit zu generieren und für mehr Traffic zu sorgen. Hierzu eignen sich vor allem thematisch ähnliche Seiten oder Websites, auf denen sich die definierte Zielgruppe aufhält. Veröffentliche deinen Content dort inklusive Backlink, um auf deine Website zu verweisen.

- **Linkkauf:** Eine weitere Strategie ist der Erwerb von Backlinks. Hierbei zahlen Auftraggeber einen monetären Betrag an Agenturen oder einzelne Webmaster und erhalten im Gegenzug Backlinks auf deren Seiten oder anderen Websites. Jedoch geben durch einen Linkkauf erworbene Verknüpfungen keinen Aufschluss über die Qualität einer Website. Daher verbieten die Google-Richtlinien den Ankauf von Backlinks über finanzielle Mittel und bestrafen diese Form des Linkaufbaus mit einem Rankingverlust oder gar einem Ausschlss aus dem Google-Index. Zum Vorschein kommt dieses unrechtmäßige Verfahren oftmals durch ein unnatürlich schnelles Linkwachstum und eine Diskrepanz in der Thematik der beiden Websites. Ungeachtet dessen wird der Linkkauf über diverse Online-Plattformen weiterhin praktiziert, denn gerade für viele kleinere Start-up-Unternehmen, die noch nicht über den nötigen Pool an Kontakten verfügen, ist eine Steigerung der Linkpopularität auf einem natürlichem Weg schwer zu realisieren. Für sie ist der Linkerwerb oftmals der einzige Weg, um ein gutes Ranking zu erzielen.

- **Outsourcing:** Da der Linkaufbau für die Suchmaschinenoptimierung schon seit jeher eine wichtige Rolle spielt, haben sich im Laufe der Zeit immer mehr Agenturen, Netzwerke und Unternehmen auf dieses Thema spezialisiert. Somit kann das Linkbuilding an professionelle Hände weitergereicht werden. Allerdings ist das Outsourcing ebenfalls mit Vorsicht zu genießen, da auch hier Strategien verwendet werden können, die von den Suchmaschinen generell abgelehnt werden. Google ist bereits in der jüngsten Vergangenheit gegen Unternehmen vorgegangen, die gezieltes Linkbuilding betrieben und hat deren Kunden abgestraft. Ob man dieses Risiko tatsächlich eingehen möchte, bleibt jedem selbst überlassen.

Social Signals

Das Thema Social Signals (deutsch: soziale Signale) wird weiterhin heiß diskutiert. Auch wenn es derzeit noch keine handfesten Belege dafür gibt, dass Suchmaschinen die Kommunikation in den sozialen Medien bewerten und entsprechend in das Ranking miteinbeziehen, so gibt es zumindest Hinweise darauf. Als Social Signals verstehen wir im Allgemeinen kommunikative und informative Signale, die entweder direkt oder indirekt Informationen über soziale Interaktionen, soziale Emotionen, soziales Verhalten oder soziale Beziehungen liefern. Einfacher gesagt sind es Likes, Shares oder Kommentare, die in den sozialen Netzwerken unter einem Beitrag getätigt werden. Deshalb ergibt es durchaus Sinn, seinen Content auch in den Social Medias zu veröffentlichen, denn sobald Nutzer liken, teilen oder kommentieren, werden die Beiträge einem breiterem Publikum zugänglich. Dies erhöht die Sichtbarkeit und erzeugt zusätzlichen Traffic für deine Seite. Social Signals haben also zumindest indirekt einen Einfluss auf dein SEO.

Autorität (Domain Authority)

Eine weitere indirekte Quelle der Offpage-Optimierung stellt die Autorität einer Seite dar. Dieser Begriff hat sich im Laufe der Jahre im Kreise der Suchmaschinenoptimierung etabliert und beschreibt im Grunde eine Website, die eine Referenz für ein bestimmtes Thema ist. Jedoch ist der Begriff nicht mit Linkpopularität oder Domain Trust zu verwechseln. Die Domain Authority gibt an, wie vertrauenswürdig eine Website zu ihrem Thema ist. Bei der Autorität einer Seite sind verschiedene Aspekte zu beachten. Die Suchmaschine errechnet aus den Nutzerzahlen, dem Nutzerverhalten, der Anzahl und der Qualität der aufgebauten Backlinks deine Domain Authority. Diese ist üblicherweise eine natürlich gewachsene Website, die sich über einen längeren Zeitraum hinweg eine gute Reputation aneignen konnte. Je länger eine Domain existiert, desto höher ist die Wahrscheinlichkeit, dass diese von Google & Co. als Autorität wahrgenommen wird.

Da sich die Vertrauenswürdigkeit aus verschiedenen Faktoren zusammenstellt, die nicht auf harten, ermittelbaren Erfahrungswerten basieren, handelt es sich hierbei nicht um einen Key Performance Indicator (KPI). Hier die Offpage-Faktoren, die wichtig sind für die Domain Authority und somit auch für die Position deiner Seite in den SERPs:

- Organischer Linkaufbau über einen längeren Zeitraum
- Verweis von ausgehenden Links auf hochwertige Websites, die den Nutzern Mehrwert bieten
- Viele Erwähnungen in Foren, FAQs oder Social Media
- Keywords in der URL und in den Überschriften sorgfältig auswählen (bessere Keywords, bessere Domain Authority)
- Steigerung der Autorität durch andere, vertrauenswürdige Autoren, die für deine Website einen Gastbeitrag verfassen

Anhand der Domain Authority bewertet Google, wie vertrauenswürdig und relevant eine Website für ein Thema ist. Da für diese Bewertung mehrere Aspekte berücksichtigt werden, ist es ratsam, diese für deine Suchmaschinenoptimierung im Auge zu behalten. Neben dem

Surfverhalten deiner Nutzer ist auch deine Internetpräsenz von enormer Wichtigkeit. Deshalb solltest du deine Backlinks regelmäßig beobachten und sicherstellen, dass deine Website nie in eine schlechte Nachbarschaft gerät (Bad Neighbourhood). Eine schlechte Nachbarschaft bezeichnet im Rahmen der Suchmaschinenoptimnierung die Nähe zu Seiten, die gegen Richtlinien der Suchmaschinen verstoßen und/oder dafür sogar schon abgestraft wurden.

Markennennungen / PR

Markennenungen offenbaren einer Suchmaschine, dass Nutzer ein besonderes Augenmerk auf eine spezielle Brand richten. Während eine verlinkte Markennennung als ein üblicher Backlink zu betrachten ist, können jedoch auch unverlinkte Erwähnungen von Google positiv bewertet werden, da die sogenannten Brand Mentions auch ohne Link funktionieren und von Suchmaschinen ohne Probleme eingeordnet werden können. Befindet sich etwa eine Marke im direkten Zusammenhang zu positiven Begriffen, wertet die Suchmaschine dies als Anhaltspunkt für ein positves Ranking. Im Umkehrschluss ergeben sich entsprechend negative Konsequenzen, wenn eine Marke im Kontext zu negativen Wörtern aufzufinden ist.

Zu erklären ist dies mit der Annahme einer Suchmaschine, dass Brand Mentions die Bekanntheit einer Marke bei Nutzern bestimmen, was wiederum deutlichen Einfluss auf das Ansehen und die Bedeutung der Marke hat. Wird also eine Marke von Usern in den sozialen Netzwerken positiv erwähnt, manifestiert sich die gute Bewertung im Gedächtnis anderer Nutzer. Somit steigert die Brand ihre Popularität, was von Suchmaschinen für das Rankingergebnis berücksichtigt wird. Selbst wenn dies nicht den erhofften Erfolg im Ranking mit sich bringt, kann eine gut funktionierende Marke den Nutzer dazu verleiten, nicht auf das an erster Stelle positionierte Suchergebnis zu klicken, sondern erst auf das dritte oder vierte. Der Nutzer ist mit der Marke zufrieden und diese Emotion überwiegt andere Faktoren. Das Vertrauen und die Verlässlichkeit in eine Marke macht das Brandbuilding letztendlich zu einem gewinnbringenden Faktor, denn auch nicht optimal verlaufende Keyword-Strategien können durch ein gutes Branding noch kompensiert werden.

Um Markennennungen zu forcieren, haben Unternehmen die Möglichkeit, dies über schriftliche Gästbeiträge, Auftritten in Podcasts oder durch das Kreieren viraler Inhalte in Social Media erfolgreich zu bestreiten. Eine Domain wird dann bei Google als Brand registriert, wenn die Suchmaschine Sitelinks anzeigt, die für Suchende ebenfalls relevant sein könnten. Dies können beispielsweise Profile auf Facebook, Instagram & Twitter oder Einträge in einem Bewertungsportal sein. Trotz allem gilt: Markennennungen alleine reichen nicht aus, um das Ranking in den Suchergebnissen positiv zu beeinflussen, sondern funktioniert nur in Kombination mit weiteren Onpage- und Offpage-Maßnahmen im Rahmen einer SEO-Strategie.

Fazit zu SEO-Maßnahmen: Oftmals steht im Raum, dass Backlinks das einzig wirksame Element sind, mit dem man sich für eine gelungene Offpage-Optimierung beschäftigen müsste. Mit dieser Annahme berührst du jedoch nur die Spitze des Eisbergs. Da Content auch heutzutage immer noch King ist, gilt es vielmehr, das Hauptaugenmerk auf einzigartige Inhalte zu legen, die den Usern einen Mehrwert bieten, der anschließend häufig geteilt wird. Google bewertet es positiv, wenn du qualitativ hochwertige Links von Websites erhältst, die für deine Nische oder die Marke relevant sind. Zudem solltest du dir die Zeit nehmen, das Backlink-Profil der Websites zu überprüfen, mit denen du kooperieren möchtest, um nicht in eine „Bad Neighbourhood" zu geraten. Sei daher stets vorsichtig mit Websites, die unseriös wirken und widme dich stattdessen Seiten, die eine hohe Domain-Authority vorweisen können. Offpage-Seo funktioniert nicht von heute auf morgen und die Erfolge sind nicht sofort messbar, jedoch lohnt sich der Aufwand nachhaltig, vor allem in Kombination mit deinen Maßnahmen aus Onpage-SEO und Technical SEO.

Reihenfolge der SEO-Maßnahmen

Wie du jetzt weißt, geht es nicht darum, sich zwischen OnPage-SEO und OffPage-SEO zu entscheiden. Wir entscheiden uns beim Hausbau schließlich auch nicht zwischen einer Bodenplatte als Unterbau und Dachziegeln, damit es nicht hinein regnet. Beide Elemente der Suchmaschinenoptimierung ergänzen sich gegenseitig und funktionieren als ein vollständiges Konstrukt, welches das Ranking deiner Website nachhaltig verbessern kann. Wenn du dich nun fragst, mit welchen Maßnahmen du anfangen sollst, dann lassen sich hier ebenfalls Vergleiche zum Hausbau ziehen. Die OnPage-Optimierung dient als stabiler Unterbau für das Gebäude, also solltest du dich im ersten Schritt daran machen, das Fundament zu gießen. Die OffPage-Optimierung lässt sich im Grunde genommen erst dann effektiv durchführen, wenn eine Website bereits existiert und Content vorhanden ist.

Somit solltest du dich - vor allem, wenn du eine brandneue Seite ins Leben rufst – zunächst auf die OnPage-Faktoren konzentrieren. Wenn du gleich von Beginn an die wichtigsten Aspekte berücksichtigst, geht die OffPage-Optimierung später umso leichter von der Hand. Vielleicht verfügst du aber bereits über eine Website und möchtest diese lediglich nachoptimieren. In diesem Fall kannst du natürlich auch direkt mit der OffPage-Optimierung starten – vorausgesetzt, du hast zuvor überprüft, ob dieser Schritt tatsächlich Sinn ergibt. Denn angenommen, deine Website existiert bereits, aber deine Inhalte müssen überarbeitet werden, um einen Mehrwert zu generieren (z.B. müssen relevante Keywords gefunden und effektiv platziert werden). In diesem Zusammenhang wäre es eher nachteilig, im Rahmen der Offpage-Optimierung damit zu beginnen, Backlinks zu erstellen, denn der vorhandene Content ist sehr wahrscheinlich nicht hochwertig genug, um von den Suchmaschinen positiv gerankt zu werden.

Generell solltest du darauf achten, ein ausgewogenes Verhältnis zwischen beiden Techniken herzustellen. Auf diese Weise schaffst du es, deine Website mit zwei gleichstarken Armen wachsen zu lassen, was zur Folge hat, dass sowohl deine Besucher als auch die Suchmaschinen die Seite verstehen und positiv bewerten können.

SEO Mythen

Die Suchmaschinenoptimierung befindet sich seit Anbeginn dieser Marketing-Strategie in einem permanenten Wandel. Google passt seinen Algorithmus ständig an, um dem Nutzer immer bessere Ergebnisse zu liefern. Mittlerweile ist dieser Prozess zu komplex geworden, um sich lediglich auf allgemein gültige Ranking-Faktoren zu verlassen. So ist es heutzutage unabdingbar, ständig informiert zu bleiben, um bei den Nutzungsszenarien und Suchintentionen der Konsumenten immer auf dem aktuellen Stand zu bleiben. Von Zeit zu Zeit haben sich einige Tipps und Tricks für Websiten-Betreiber angesammelt, um nicht in naher Zukunft im Ranking an Bedeutung zu verlieren. Aufgrund der Schnelllebigkeit innerhalb der Branche sind diese allerdings mit Vorsicht zu genießen.

Da wäre zum Beispiel ein Mythos zum Thema „Keyword-Dichte“. Möchtest du für bestimmte Begriffe weit oben gerankt werden, müssen diese Wörter auch so oft wie nur irgends möglich in deinem Text vorkommen. Das ist definitiv nicht korrekt. Primär ist es wichtig, dass ein Text, gegenteilig zur Annahme, nicht ausschließlich für Suchmaschinen optimiert ist, sondern für den Leser. Bei einem Text zu einem bestimmten Thema ist es nur natürlich, dass bestimmte Keywords im Zusammenhang mit Synonymen oder themenähnlichen Begriffen genannt werden. Hierbei empfiehlt es sich, einen natürlichen Schreibfluss beizubehalten und nicht künstlich jeden Satz so zu verändern, dass das besagte Keyword darin enthalten ist. Google versucht immer mehr zu denken wie der Konsument und könnte hier negativ mit einer Abstrafung aufgrund von „Keyword-Stuffing“ eingreifen.

Viele Menschen sind noch heute der Meinung, dass mehr Inhalte auf einer Website für eine bessere Sichtbarkeit in den Ergenissen der Suchmaschinen verantwortlich sind. Auch diese These gilt gegenwärtig als falsch. Hier gilt ebenfalls das Motto „Qualität statt Quantität“. Verfasse lieber einen hochwertigen Text anstatt eine Vielzahl kleinerer, minderwertiger Beiträge. Es kann durchaus von Vorteil sein, sich auf ein gewisses Thema zu konzentrieren, als sehr viele Themen zu behandeln, aber diese dann nur grob anzuschneiden. Die Suchmaschine kann im Normalfall deine Inhalte anhand dieser Praxis den relevanten Keywords besser zuordnen. Andernfalls würden sich die vielen kleinen Beiträge eher gegenseitig behindern, die Suchmaschine bei der Auswahl irritieren und somit das Ergebnis negativ beeinflussen. Dementsprechend lohnt es sich sehr, immer up-to-date zu bleiben, um SEO-Mythen nicht auf den Leim zu gehen.

Lokale Suchmaschinenoptimierung (Local SEO)

Die lokale Suchmaschinenoptimierung (Local SEO) ist eine effektive Methode, ein Unternehmen zeitgemäß im Internet zu präsentieren. Der Begriff skizziert die Suchmaschinenoptimierung für Nutzer in der Nähe eines Unternehmens. Dazu zählen sämtliche Maßnahmen, die die dazu führen, eine Website in den lokalen Suchergebnissen möglichst weit vorn zu platzieren. Ziel ist es, in einem örtlich eingegrenzten Gebiet für relevante Suchbegriffe eine möglichst gute Positionierung zu erreichen und beim Nutzer auf der ersten Seite der Suchergebnisse (SERP) zu erscheinen.

Das Nachschlagen von Kontakt-und-Adressdaten in einem Branchenverzeichnis gehört bereits seit einiger Zeit der Vergangenheit an. Früher hättest du zu Zwecken der Nachforschung zu einem bestimmten Unternehmen das Telefonbuch zur Hilfe genommen oder die Gelben Seiten aufgeschlagen. Sind wir heutzutage auf der Suche nach einem Restaurant, Arzt oder Fitnessstudio in der Nähe, greifen wir beinahe schon automatisch auf die Google-Suche zurück. Für regional agierende Unternehmen nimmt die lokale Suche dabei immer mehr einen höheren Stellenwert ein, was vor allem aus dem zunehmend steigenden Anteil an Suchanfragen über

Mobilgeräte resultiert. Via Laptop, Tablet oder Smartphone gelangt man in Windeseile an Informationen über Produkte, Dienstleistungen, Fachhändler oder Firmen – und das nicht nur in der eigenen, unmittelbaren Umgebung, sondern auch in entfernteren Regionen.

Der Suchmaschinen-Marktführer Google sammelt seit mehr als 15 Jahren Daten zu Geostandorten: Im Februar 2005 startete mit „Google Maps" der am häufigsten genutzte Kartendienst im World Wide Web. Im Juni 2014 kam darauf folgend das Umgebungsportal „Google My Business" auf den Markt, über das Suchende die passenden Dienstleistungen oder Angebote in ihrer direkten Nähe ausfindig machen können. Über eine Bewertungs-und-Kommentarfunktion stellt Google anderen Nutzern darüber hinaus Rezensionen zur Verfügung, sodass diese bereits im Vorfeld, in der Lage sind, das für ihre Zwecke bestmögliche Suchergebnis auszuwählen. Das Portal wird fortlaufend optimiert und mit zusätzlichen Informationen versehen, um das Sucherlebnis für den Suchenden nachhaltig zu verbessern. So werden beispielsweise Angaben über eine mögliche Produktlieferung platziert. Die lokale Suche macht es den Nutzern somit immer leichter, die passenden Geschäftsadressen, Wegbeschreibungen, Öffnungszeiten oder Kontaktdaten von Unternehmen zu ermitteln, völlig unabhängig davon, wo sich der Nutzer aufhält und in welcher Region nach einem Unternehmen oder einer Dienstleistung recherchiert wird.

Drei Praxisbeispiele für lokale Suchanfragen

1) **Suchanfrage mit Ortsangabe:** Du ziehst in absehbarer Zeit nach Berlin um und bist auf der Suche nach einer zuverlässigen und preiswerten Kfz-Werkstatt, die die nächste Hauptuntersuchung durchführen soll. Im Internet recherchierst du, welche Werkstätten im Berliner Raum für dein Anliegen in Frage kommen. Hierfür gibst du die Begriffe „Autowerkstatt" und „Berlin" in die Suchmaschine ein und erwartest, dass diese dich mit Suchergebnissen, die für die Stadt Berlin zutreffen, versorgt. Zudem helfen dir vorherige Rezensionen dabei, die für dich optimale Werkstatt zu finden.

2) **Suchanfrage ohne Ortsangabe, jedoch mit lokaler Absicht**: Du fährst aus München nach Berlin und in der Nähe von Leipzig macht sich der Bordcomputer warnend bemerkbar. Du möchtest das Signal lieber sicherheitshalber überprüfen lassen und begibst dich auf die Suche nach der nächstbesten Werkstatt. Du tippst in dein Smartphone den Begriff „Autowerkstatt" ein und erwartest eine Auflistung aller Werkstätten, die sich im näheren Umkreis befinden. In diesem Fall bezieht Google für die Suche deine GPS-Daten mit ein.

3) **Gezielte Suchanfrage nach Unternehmensstandort:** Ein Freund empfiehlt dir eine Autowerkstatt in Berlin Wedding. Seinen Aussagen zufolge wurden die Arbeiten an seinem Auto zur vollsten Zufriedenheit ausgeführt, Service und Preise waren darüber hinaus ebenfalls super. Um einen Termin zu vereinbaren, benötigst du zuerst die Kontaktdaten. Also tippst du die Begriffe „Autowerkstatt Berlin Wedding“ in die Suchmaschine ein.

Relevanz von Local SEO

Die Sichtbarkeit in den lokalen Suchergebnissen ist für alle Unternehmen relevant, die eine physische Anlaufstelle aufweisen (z.B. ein Einzelhandelsgeschäft), Dienstleistungen anbieten (Physiotherapie, Handwerksarbeiten, etc.) und für Onlineunternehmen, die Kunden in bestimmten Städten erreichen wollen. Somit profitiert jedes Unternehmen mit einem fixen Unternehmensstandort von der lokalen Suchmaschinenoptimierung, unabhängig von der Größe oder Branche. Täglich bemühen sich Millionen von Menschen über die lokale Suche bei Google nach Unternehmen in ihrer direkten Nähe. Speziell bei Touristen oder ortsunkundigen Personen findet dieses Vorgehen Anklang, was sich selbst für kleinere Geschäfte abseits der belebten Fußgängerzonen positiv bemerkbar machen kann.

Google ist schon lange zu einem der wichtigsten Marktinstrumente für lokale Unternehmen gewachsen. Durch die fortlaufend ansteigende Anzahl der mobilen Nutzer wird diese Bewegung in den nächsten Jahren noch weiter an Dynamik gewinnen. Schon im Jahr 2015 ergab eine Studie, die von Google in Kooperation mit Ipos MediaCT durchgeführt wurde, dass die meisten Verbraucher, die eine lokale Suchanfrage über ein Smartphone erstellen, unmittelbar vor einer Kaufentscheidung stehen. Somit ist die Wahrscheinlichkeit sehr hoch, dass potentielle Kunden durch die gefundenen regionalen Suchergebnisse zur Tat schreiten und ein Produkt erwerben oder eine Dienstleistung in Anspruch nehmen.

Als sogenannten „ROPO-Effekt“ (Research online, Purchase offline) bezeichnen Fachleute das Verhalten von Konsumenten, die sich zunächst im Internet über Produkte und Unternehmen informieren und die erworbenen Infos nutzen, um später offline zum Kunden zu werden. Dadurch sind speziell lokale Händler in der Lage, durch gezielte Werbeanzeigen von diesem Trend zu profitieren. Dies gelingt, indem eine stimmige Internetpräsenz ins Leben gerufen wird, die den Kunden über lokal vorrätige Produkte informiert und diese am besten bildlich so in Szene setzt, dass ein direkter Kaufwunsch entsteht. Dieser kann durch etwaige Kontakt-und-Reservierungsmöglichkeiten begleitet werden.

Darum ist die lokale Suchmaschinenoptimierung relevant:

- Etwa 90 Prozent der Konsumenten nutzen Suchmaschinen über mobile Endgeräte, um nach Dienstleistungen, Produkten oder Bewertungen in ihrer Nähe zu suchen
- Lokale Suchanfragen kommen besonders stark zum Tragen, wenn der Konsument von einem Ort zum anderen unterwegs ist
- Konsumenten recherchieren via Google vor allem Webbeschreibungen, Adressen und Öffnungszeiten von Unternehmen
- Konsumenten, die ein mobiles Endgerät für die Suche nach Dienstleistungen oder Produkten verwenden, stehen sehr wahrscheinlich unmittelbar vor einer Kaufentscheidung

Die Suchmaschinenoptimierung gilt als komplexeste Disziplin im Online-Marketing und ist für kleine Betriebe schwer umsetzbar. Dafür sorgen SEO-Maßnahmen auf lange Sicht für mehr Besucher auf den optimierten Webseiten und folglich auch für mehr Anfragen, Aufträge und Umsätze für das Unternehmen. Und das, ohne viel Geld für ausufernde Werbekampagnen in die Hand zu nehmen. Um optimale Ergebnisse in den Suchmaschinen zu erreichen solltest du die lokale Suchmaschinenoptimierung als fortlaufenden Prozess betrachten und stetig Anpassungen vornehmen. Je besser die

Platzierung in den SERPs schlussendlich ist, desto höher ist die Anzahl der potentiellen Neukunden, die über Treffer bei Google generiert werden können. Da immer mehr Unternehmen erkennen, wie wichtig die regionale Suche bei Google ist, investieren diese zunehmend in die lokale Suchmaschinenoptimierung ihrer Website. Dies hat einen harten Konkurrenzkampf um ein gutes Ranking zur Folge.

Wichtige Rankingfaktoren und Tipps zur Anwendung

Eine erhöhte Präsenz in den lokalen Suchergebnissen hängt primär von den folgenden drei Faktoren ab:

- **Entfernung**: Nähe des Suchenden zum Standort
- **Relevanz**: Je besser das Unternehmen zur Suchintention passt, desto höher ist die Relevanz. Voraussetzung hierfür ist das korrekte und vollständige Hinterlegen von Unternehmens-und-Kontaktinformationen
- **Reputation**: eine hohe Reputation entsteht z.B. durch Backlinks aus hochwertigen Quellen und positiven Kundenbewertungen

Position und Entfernung

Grundsätzlich gilt: je näher ein Unternehmen dem Standort des Suchenden ist, desto höher ist die Chance auf eine hohe Positionierung in den Suchergebnislisten. Dies ist jedoch ein Punkt, der nicht so einfach zu optimieren ist, es sei denn, du planst mit deinem Unternehmen einen Umzug in die Fußgängerzone einer Stadt. Dieser Schritt würde zwar die Chance auf mehr Laufkundschaft erhöhen, allerdings wäre dann zumeist mehr Wettbewerb die Konsequenz.

OnPage-Optimierung

Die lokale Suchmaschinenoptimierung unterscheidet sich in Sachen OnPage-Optimierung nicht von der „regulären" Suchmaschinenoptimierung. Grundlage ist eine eigene Website (Landingpage), in der der Firmen-und-Stadtname enthalten ist. Aktiv verstärken kannst du den lokalen Bezug noch durch regionale Inhalte in Form von Fotos, Bildern und Videos. Darüber hinaus gilt es vor allem, eine gut sichtbare Wegbeschreibung zum Unternehmen zu veröffentlichen. Wie auch bei der klassischen Suchmaschinenoptimierung hat die Qualität der Inhalte oberste Priorität. Der publizierte Content muss zwangsläufig themenrelevant und bestmöglich auf die Suchintention des Nutzers zugeschnitten sein.

Mithilfe von einzigartigen und gut strukturierten Inhalten gelingt es, potentiellen Kunden den erhofften Mehrwert zu bieten, der das Ranking letztlich positiv beeinflussen kann. Der Fokus sollte daher auf der Analyse und Auswahl der für die lokale Suche relevanten Keywords liegen. Kläre im Rahmen der Keyword-Analyse die Frage, nach welchen Schlüsselbegriffen in der jeweiligen Region vorzugsweise gesucht wird und ob diese auch zu der angebotenen Dienstleistung passen.

Google My Business

Die Unternehmensplattform „Google My Business" ist enorm wichtig für die Auffindbarkeit im Rahmen der lokalen Suche. Mit der Erstellung eines kostenlosen Accounts profitierst du von der Bündelung verschiedener Programme wie „Google-Suche", „Google-Maps", „Google-Ads" und „Google-Analytics". Dein Konto vervollständigst du mit Angaben zu den primären Unternehmensdaten und der Unternehmensart, einer kurzen Beschreibung des Unternehmens, aussagekräftigen Fotos und den Öffnungszeiten. Des Weiteren lassen sich auch kostenlose Beiträge erstellen, die in der Folge beworben werden können, wie Verkaufsaktionen oder besondere Veranstaltungen, sodass Suchende immer ausreichend informiert sind und auf dem Laufenden gehalten werden.

NAP (Unternehmensdaten)

Die Kurzform NAP steht im Englischen für „Name", „Adress" und „Phone Number". Die Angabe dieser Unternehmensdaten ist für optimale Ergebnisse essentiell und muss daher auf allen Seiten im Internet einheitlich abgebildet werden, um ein seriöses Auftreten zu erzeugen. Werden auf verschiedenen Plattformen unterschiedliche Kontaktinformationen zur Verfügung gestellt, sorgt dies für unnötige Irritationen und gegebenenfalls sogar für Misstrauen bei der Suchmaschine und potentiellen Kunden. Dies verhindert im schlimmsten Fall etwaige Kontaktversuche. Die ideale Angabe von Unternehmensdaten sieht wie folgt aus:

1) Unternehmensname (Name + Dienstleistung + Standort)
2) Adresse (identische Schreibweise auf allen Plattformen)
3) Telefonnummer, Mailadresse (identisches Format)

Local citations (Branchenverzeichnisse)

Einträge in lokale Branchenverzeichnisse (engl.: local citations) nehmen bei der lokalen Suchmaschinenoptimierung ebenfalls eine Rolle ein. Auf entsprechende Vermerke sollte nicht verzichtet werden, denn diese signalisieren Google, dass das Unternehmen existiert und der angegebene Standort aktiv ist. Passend sind vor allem Einträge in Telefonbüchern, den Gelben

Seiten und regionalen Plattformen wie „meinestadt.de oder auf „tripadvisor.de". Achte auch hier unbedingt darauf, dass die publizierten Daten stimmig sind und nicht voneinander abweichen.

Datenstruktur – „schema.org"

Strukturierte Daten unterstützen Google dabei, die Relevanz der Website zu bewerten und diese bestimmten Suchanfragen zuzuordnen. Die Daten werden mittels spezieller HTML-Codes gekennzeichnet und sind somit für die Nutzer einer Seite nicht sichtbar. Für die Google-Suche wird zumeist die „schema.org-Terminologie" verwendet. Dabei handelt es sich um ein gemeinsames Projekt von Google, Bing und Yahoo, das der Formatierung strukturierter Daten dient. Werden Angaben, wie Öffnungszeiten, Kontaktdaten oder Reservierungsmöglichkeiten mit strukturierten Daten gekennzeichnet, gelingt es Google einfacher, die relevanten Daten des Unternehmens zu erkennen und abzubilden.

Bewertungen

Kundenbewertungen haben nicht nur einen Einfluss auf das Ranking einer Website, sondern bewegen auch potentielle Kunden bei ihrer Kaufentscheidung in die einer oder andere Richtung. Ganz bestimmt hast du im Zuge einer Recherche nach einem Produkt oder einer Dienstleistung auch schon einmal die persönlichen Rezensionen anderer Kunden zu Rate gezogen. Gute Reviews haben folglich positive Auswirkungen auf die lokale Suchmaschinenoptimierung, da sie Vertrauen bei den Suchenden erzeugen und häufig für einen Aufruf der Website verantwortlich sind. Egal, ob die Bewertung positiver oder negativer Natur ist - du solltest dir in jedem Fall die Zeit nehmen und auf die Rezensionen antworten. Das zeigt den Kunden, dass du sie ernst nimmst und auf ihre Bedürfnisse und etwaige Verbesserungsvorschläge eingehst.

Leitidee des Textes

Im letzten Kapitel hast du nun also gelernt, welche OnPage- und-OffPage-Faktoren es bei der Suchmaschinenoptimierung zu beachten gilt und welche Rolle diese bei der Erstellung von Content einnehmen. Als nächstes werden wir einen Blick auf die Leitidee des eigentlichen Textes werfen und wie du diesen optimieren kannst. Grundsätzlich ist so ein Text ja schnell geschrieben, nicht wahr?

In nur wenigen Minuten lassen sich viele Wörter zu Papier bringen. Für den effektiven und optimierten Einsatz eines Textes ist jedoch eine strategische Methodik notwendig. Als SEO-Texterinnen und SEO-Texter ist es unser Ziel, die Kriterien der Suchmaschinen beim Schreiben so gut zu erfüllen, dass unser Content bei den Suchergebnissen möglichst weit oben positioniert wird. Dass sowohl Google, Bing & Co. als auch die Texterinnen und Texter das gleiche Ziel verfolgen, nämlich die Leserinnen und Leser mit relevanten und hochwertigen Inhalten zu versorgen, lässt uns durchweg positiv an diese Herausforderung herangehen.

Suchmaschinen und Texter bewegen sich dabei quasi im Gleichschritt: während beispielsweise Google immer mehr Faktoren einführt, die zur Bewertung von Texten beitragen und somit den eigenen Algorithmus immer weiter verändern, muss sich der Texter ebenfalls weiterentwickeln, um relevantere Inhalte zu produzieren und schließlich von den Suchmaschinen gefunden zu werden.

Selbst in der heutigen Gegenwart, in der eine professionelle Internetpräsenz für den ökonomischen Erfolg eines Unternehmens enorm wichtig ist, begegnen uns trotzdem noch viel zu oft Webseiten, die mit fehlerhaften Texten gespickt sind. Offensichtliche Fehlerquellen sind hierbei einfache Rechtschreib-und-Grammatikfehler oder unzusammenhängende Sätze, die den Leser verwirren oder abschrecken. Nicht selten sind die Inhalte schlecht recherchiert und somit irreführend. Textwüsten ohne Inhalt, dafür aber mit einer hohen Dichte an Keywords, haben nichts mit hochwertigem Content zu tun. Ein guter SEO-Text muss dem Leser einen entsprechenden Mehrwert bieten und die gewünschten Inhalte parat halten. Zu viel Einflussnahme durch den übermäßigen Einsatz von Keywords, Überschriften und Verlinkungen kann den Lesefluss stören und von den Suchmaschinen negativ bewertet werden.

Womit fängst du nun aber an, wenn du einen wirklich hochwertigen Content erzeugen möchtest? Nun, zunächst es immer hilfreich, einen Rahmen für das jeweilige Projekt festzulegen. Arbeitest du an einem Text, der für Dritte bestimmt ist, dann sollten diese mit einem Briefing möglichst präzise über die Erwartungen und Ansprüche informiert werden.

Verfasst du selbst einen Text für Fremde als freier Texter oder als Mitarbeiter einer Agentur, dann solltest du dir unbedingt alle nötigen Infos zu den Wünschen deines Auftraggebers einholen.

Dabei spielt es keine Rolle, ob die Texte für die eigene Website oder die Internetpräsenz eines Unternehmens gedacht sind – ausführliche Überlegungen im Vorfeld des Schreibprozesses sorgen für eine höhere Qualität des Textes. Ist für eine gute Basis gesorgt, kann dein individueller Text das Interesse des Lesers wecken, ihn dazu bringen, weiterzulesen und einen bleibenden, positiven Eindruck hinterlassen. In diesem Kapital erfährst du, worauf es bei der optimierten Texterstellung wirklich ankommt.

Ziele definieren

Eine Definition klarer Ziele ist bei der Suchmaschinen optimierung sehr bedeutsam, damit es nicht nach einer gewissen Zeit zu enttäuschenden Momenten kommt. Um Ziele zu erreichen, müssen diese immer zuerst festgelegt werden. Ob ein Text tatsächlich wirksam ist, kannst du nur herausfinden, wenn du zuvor eine bestimmte Wirkung als Ziel definiert hast. Nur dann hast du die Weichen gestellt, um einzigartigen Content zu erzeugen, den Erfolg deines Inhalts zu überprüfen oder um etwaige Korrekturen vorzunehmen, die zu einer nachhaltigen Verbesserung führen.

Texte auf einer Internetseite haben stets bestimmte Aufgaben zu erfüllen, die abhängig von den zuvor festgelegten Zielen der Seite sind. Ein guter Text kann also nur erfolgreich sein, wenn er mit diesen Zielen kompatibel ist. Vor dem Start des eigentlichen Optimierungsprozesses sollte man zunächst folgende Frage beantworten: Wen oder was soll die Optimierung überhaupt erreichen?

Die Zieldefinitionen müssen vor allem immer den Umständen angepasst sein. Schreibst du für ein Unternehmen, solltes du beachten, ob es sich um einen global agierenden Konzern oder um ein lokales Kleinunternehmen handelt. Sollen Produkte direkt über einen Webshop vermarktet werden oder geht es um das Angebot von regionalen Dienstleistungen? Ein Hotel möchte mit seiner Website andere Ziele Erreichen als eine Handwerksfirma.

Bei den Zielen, die für eine Website definiert werden, unterscheiden wir grundsätzlich zwischen Oberzielen (Makroziele) und Unterzielen (Mikroziele). Ein Makroziel stellt ein langfristiges, übergeordnetes Ziel dar, welches in der Zukunft liegt und bringt eine Vision zum Ausdruck. Mikroziele sind hingegen als mehrere, kurzfristige Einzelziele zu betrachten, die in Richtung des übergeordneten Makroziels führen. Anders als das Makroziel, konzentrieren sich die Mikroziele nicht direkt auf die zukünftige Vision, sondern ausschließlich auf das, was in diesem Moment zu tun ist. Auf dem langen Weg bis hin zur Erreichung des Ziels ergänzen sich Makroziel und Mikroziele perfekt. Makroziele stehen für die Vision und Mikroziele für den unmissverständlichen Fortschritt.

Angenommen, du müsstest einen 10-seitigen Beitrag verfassen, dann könntest du dich hinsetzen und so lange daran arbeiten, bis dein Ziel erreicht ist. Alternativ könntest du aber auch Mikroziele definieren, wie zum Beispiel das Finden einer passenden Überschrift. Auch die Gliederung des Beitrags in unterschiedliche Abschnitte bis hin zum Schlussabschnitt kann eine sinnvolle Unterteilung des Makroziels in kleinere Mikorziele darstellen. Mikoziele können deinen Verstand dazu bringen, produktiver zu sein.

SEO-KPIs

KPIs (Key Performance Indicators) sind Leistungskennzahlen, anhand derer bestimmt werden soll, wie gut Zielvorhaben umgesetzt und erreicht wurden. KPIs werden also immer dann benötigt, wenn du den Erfolg deiner Maßnahmen bewerten möchtest. Zu Beginn wirfst du einen Blick auf die Vision des Unternehmens und die Ziele, die sich an dieser orientieren. Anschließend werden die Schlüsselkennzahlen definiert, die dich dabei unterstützen werden, diese Ziele zu beurteilen. Die KPIs dienen folglich der Erfolgskontrolle und sind hierfür ein wichtiges Instrument. Anschließend hast du die Möglichkeit, die richtigen Hebel in Bewegung zu setzen, um möglicherweise eine Website weiter zu optimieren.

Online-Texte sind essentielle Bausteine, die zum Erfolg einer Seite beitragen. Anhand geeigneter Formulierungen, können sie zu bestimmten Aktionen ermuntern oder, durch nützliche und zielgruppenrelevante Informationen, den Besucher auf und durch die Website führen. Stellt diese die gewünschten Informationen gut sortiert und übersichtlich zur Verfügung, wird sie als qualitiativ hochwertig eingeschätzt und für gut befunden. Wichtige Schlüsselkennzahlen können zum Beispiel die Anzahl der Besuche einer Website oder die durchschnittliche Besuchszeit messen.

Viele Unternehmen möchten anhand von Optimierungsmaßnahmen vor allem mehr Traffic erzeugen und somit mehr Besucher für ihre Website gewinnen. Mittels einer strategischen Suchmaschinenoptimierung lassen sich aber noch weitere Key Performance Indicators effektiv verbessern. Schwierigkeiten können allerdings bei der Messung von qualitativen Zielen entstehen. Möchtest du herausfinden, wie zufrieden die User mit der Nutzung eines Serviceportals sind, ist ein entsprechendes Feedback nötig. Eine direkt messbare Kennzahl existiert hierfür nicht, sodass andere Möglichkeiten berücksichtigt werden müssen, wie beispielsweise Rezensionen oder gezielte Umfragen. Um deine Schlüsselfaktoren so präzise wie möglich zu bestimmen, bietet sich die Nutzung der SMART-Methode an.

SMART – Methode

Die Zielplanung nimmt zunächst viel Zeit in Anspruch, jedoch ist diese Zeit sehr gut investiert. Bei der Planung ist ein Vorgehen nach der sogenannten SMART-Methode ideal, damit falsche Vorstellungen von beteiligten Personen von Anfang an ausgeschlossen werden. Hierbei handelt es sich um eine etablierte Planungsmethode, deren Grundannahme es ist, dass das Erreichen des Ziels umso wahrscheinlicher ist, je präziser ein Ziel bestimmt ist. Hierbei ist „SMART" nicht der englische Begriff für „schlau", sondern eine Abkürzung. Jeder Buchstabe steht für eines von fünf Kriterien, die ein Ziel erfüllen muss. Nachfolgend findest du eine kurze Beschreibung zu den jeweiligen Buchstaben.

„S" – Specific (spezifisch)

Mit spezifisch sind exakte oder präzise Ziele gemeint, die das Kernstück der Strategiebildung darstellen. Ziele sollten exakt wiedergeben, was ein Unternehmen erreichen möchte. Ein Beispiel aus dem Marketing könnte wie folgt lauten: „Wir werden bis Ende des Jahres die Gewinnung von Neukunden im Vergleich zum Vorjahr verdreifachen". Das ist bedeutend genauer formuliert als „Wir würden gerne zum Jahreswechsel hin eine höhere Neukundengewinnung erreichen". Ein solches Ziel ist sehr vage formuliert und lässt Spielraum für weitere Nachfragen. Nur wenn man genau versteht, was das Ziel von einem verlangt, kann man alle Kräfte bündeln, um es zu erreichen.

„M“ – Measurable (messbar)

Ein Versprechen von Online Marketing ist die Messbarkeit aller Dinge. Doch sind die Ziele überprüfbar und was ist ein ausschlaggebendes Kriterium dafür? Es gilt folgende Frage zu beantworten: „Wie und woran lässt sich erkennen, dass ich mein zuvor definiertes Ziel erreicht habe“? Ein messbares Ziel könnte zum Beispiel lauten, dass wir bis zum Ende des Jahres den Bestellwert des organischen Suchmaschinentraffics um 10 Prozent steigern wollen.

„A“ – Attractive (attraktiv)

Hinter dem Begriff „attraktiv“ steckt mehr als nur die reine Formulierung. Die Attraktivität eines Ziels muss für alle beteiligten Personen vorhanden sein und kommt erst durch eine direkte Zusammenarbeit zu Stande. An einer Steigerung der Einnahmen sollten alle Beteilgten ein reges Interesse haben, insofern kann mir hier von einem attraktiven Ziel sprechen.

„R“ – Realistic (realistisch)

Dieser Punkt sollte nicht unterschätzt werden, denn so manche Projekte sind gescheitert, weil, das Ziel von Anfang an nicht erreichbar war. Ziele sollen stets hoch angesetzt werden, allerdings dürfen sie auch nicht utopisch sein. Daher sollte man bei der Planung immer auf die Umsetzbarkeit achten. Realistisch ist ein Ziel nur, wenn es mit den vorhandenen Ressourcen erreicht werden kann.

„T" – time-specific (terminierbar)

Hier sollte dafür Sorge tragen, für jedes Ziel ein passendes Zeitfenster zu erschaffen, damit dieses auch realistisch erreicht werden kann. Damit erhöht sich gleichzeitig auch die Chance, dass das Vorhaben gelingt. Bei langfristigen Planungen lohnt es sich, Ziele in kurz-und mittelfristige Ziele aufzuteilen und den Prozess in regelmäßigen Zeitabständen zu überwachen.

Mögliche Ziele der Suchmaschinenoptimierung könnten etwa lauten:

- Erhöhung des Suchmaschinentraffics bis zum Datum X um Y Prozent
- Wachstum der Sichtbarkeit in den organischen Suchergebnissen um X Prozent bis zum Datum Y
- Umsatzsteigerung der Umsätze, welche auf organische Suchergebnisse zurückzuführen sind, um X Prozent bis zum Datum Y

Für die Erreichung dieser Ziele müssen recht umfangreiche Optimierungsmaßnahmen gegeben sein. Nicht selten machen sich Erfolge erst nach Ablauf einiger Wochen oder Monate bemerkbar, sodass das Erstellen von Zwischenzielen (Mikrozielen) durchaus Sinn ergeben kann. Ein tolles Tool, mit dem du einen Überblick über eine Menge relvanter Kennzahlen, wie Aufrufe, Absprungraten und Verweildauer erhältst, ist Google Analytics. Mit Hilfe dieses Werkzeugs lässt sich auswerten, welcher Content der Website besonders beliebt ist, und welche Bereiche es hingegen noch zu optimieren gilt.

Zielgruppe festlegen

Bevor du nun überhaupt zum Verfassen eines passenden SEO-Textes kommen kannst, musst du zu der Gewissheit kommen, wen du damit erreichen willst. Durch die gelungene Auswahl der richtigen Zielgruppe kannst du das Risiko stark minimieren, dass die SEO-Maßnahmen fehlschlagen und der ganze Aufwand umsonst war. Die Vokabel „Zielgruppe“ beschreibt generell eine Gattung von Marktteilnehmern mit ähnlichen Eigenschaften und Kennzeichen, an die sich eine Werbebotschaft richtet. Die Zielgruppe im Online-Marketing fungiert als Empfänger konkreter Online-Marketingmaßnahmen, die zu einem zuvor definierten Ergebnis führen sollen. Dafür ist es zwingend erforderlich, Kenntnisse über die Zielgruppe zu erlangen.

Der Mehrwehrt deines Contents genießt Priorität und steht stets an erster Stelle. Wenn du jedoch nicht mit präziser

Sicherheit sagen kannst, welche Bedürfnisse, Interessen oder Probleme die eigene Zielgruppe bewegt oder welche Sprache sie spricht, kann dieser Mehrwehrt nicht generiert werden. Für ein passgenaues Content-Marketing ist das Verständnis über die Motivation und Erwartungen der Personen, die sich durch ein Produkt oder eine Dienstleistung angesprochen fühlen sollen, zwingend notwendig. Im schlimmsten Fall verfehlt der Inhalt buchstäblich sein Ziel komplett und die Aufmerksamkeit der Kunden entschwindet ebenfalls sehr schnell, was sich durch eine hohe Absprungrate (Bounce Rate) der User auf den Unterseiten bemerkbar macht.

Stell dir vor, ein Produzent modischer, eng anliegender Business-Hemden verpasst den Trend, dass die Produkte besonders bei selbstbewussten, sportlichen Erwachsenen im Alter von 18 bis 35 Jahren ankommen. Der Content und die Werbemaßnahmen sind allerdings auf eine ältere Generation abgestimmt und bieten der eigentlichen Zielgruppe keinen Mehrwert. SEO-Maßnahmen und die gesamte Content-Strategie sind somit zum Scheitern verurteilt. Da dieses Scheitern oft mit der Verschwendung finanzieller Ressourcen verbunden ist, kann man also getrost von einem Misserfolg der Kampagne sprechen. Um zu verhindern, dass so ein Fall eintritt, musst du eine möglichst exakte Bestimmung deiner Zielgruppe vornehmen.

Bestimme als Erstes die wichtigsten Eigenschaften der Kunden. Bestimmte Verhaltensmuster und etwaige Präferenzen lassen sich über die Beschreibung von Nutzermerkmalen ermitteln. Diese stellen den Auftakt für die Zielgruppenbestimmung dar, die wiederum die Grundlage für den passenden Content und effektive Platzierungen von Call-To-Actions (Handlungsaufforderungen) bildet.

Nur wenn Texte den richtigen Ton der anvisierten Marktteilnehmer treffen, nehmen die Nutzer die Inhalte als authentisch wahr. Guter Content muss zwingend relevant für die jeweilige Zielgruppe sein, daher sollte der Inhalt vor allem darauf abzielen, die Fragen der Besucher vollumfänglich zu beantworten. Dabei werden Aspekte, Trends oder Probleme des jeweiligen Marktsegments augegriffen und nur so lässt sich anschließend darauf eingehen. Die neu gewonnenen Informationen bilden das Fundament für maßgeschneiderte und zielgerichtete Webseiteninhalte. Die Zielgruppenstrategie fungiert somit als zentraler Ausgangspunkt für erfolgreichen Content.

Versuche, die Bedürfnisse des Lesers zu befriedigen und versetze dich in seine Gedanken hinein. Wonach genau hält er Ausschau? Es gibt eine Vielzahl von Beweggründen und Bedürfnissen, die den Besucher antreiben. Hier ein kleiner Auszug:

- Erlernen / Verbesserung einer Fähigkeit
- Erweiterung von Fachwissen
- Gesellschaftliche Anerkennung

- Zeitersparnis
- Kostenreduzierung / Schnäppchenjagd
- Optimierung der Optik
- Verbesserung der Gesundheit
- Langeweile

Finde das Motiv des Lesers heraus und hole ihn mit deinem Text ab. Präsentiere ihm einen Ansatz zur Problemlösung und versuche dabei, die Erwartungen des Lesers von vornherein zu erfüllen. Primär geht es darum, dem Nutzer mit deinem Content einen Mehrwert zu bieten. Lässt sich ein Problem lösen oder ein Bedürfnis anhand deines passgenauen Textes erfüllen, so entsteht daraus ein großer Nutzen für den Leser. Ist dies nicht der Fall, wird er umgehend von der Seite abspringen und versuchen, anderweitig fündig zu werden.

Deshalb ist es nötig, die Message klar ersichtlich zur Schau zu stellen, sodass der Leser seinen möglichen, persönlichen Nutzen direkt ins Auge fassen kann. Sehr häufig gelingt es uns einfacher, Texte an Personen auszurichten, wenn wir diese zuvor charakterisieren und anschließend visualisieren.

Um die Zielgruppe genau bestimmen zu können, solltest du zuvor folgende Fragen beantworten können:

- Für welche Themen interessieren sich die bestehenden Kunden besonders stark?

- Welche Intention haben User, wenn sie die Website aufrufen? Sind sie auf der Suche nach erklärenden Informationen, sollen Preise verglichen werden oder geht es um den Kauf eines bestimmten Produktes?
- Warum kauft die Zielgruppe und was beeinflusst dabei die Kaufentscheidung?
- Wie häufig wird gekauf? Definiere die Kauffrequenz!
- Wo wird gekauft? Welche Vertriebswege nutzt die Zielgruppe?
- Welches Finanzvolumen haben Kunden bei einem Kauf zur Verfügung?
- Wie hoch ist das Durchschnittsalter der Personen, die die Website besuchen?
- Was wünscht sich meine Zielgruppe und mit welchen Problemen hat sie zu kämpfen?
- Wer wird durch den Content angesprochen (männliche oder weibliche Singles, Familien)? Gibt es bestimmte Merkmale (Bildung, Religion, Nationalität)?
- Wann wird gekauft? Gibt es bestimmte Uhrzeiten, die für die Zielgruppe relevant sind?

Nachdem du die Zielgruppenanalyse abgeschlossen hast, gilt es nun, aus den Ergebnissen möglichst viele Informationen zu gewinnen, die du anschließend weiter verwenden kannst. Um Erkenntnisse über das Verhalten der Webnutzer zu erlangen, existiert auf dem Markt auch eine Vielzahl sogenannter Web-Analyse-Softwares, wie beispielsweise Google Analytics. Das Tool wurde für die Kooperation mit den Werbe-und-Publisherprodukten von Google konzipiert und hilft dir dabei, die Ergebnisse aus deinen Analysen zu nutzen, damit dein Text die richtigen Kunden erreicht.

Versuche außerdem, kostenlose und öffentlich zugängliche Quellen für deine Arbeit zu nutzen. Hierbei können allgemeine Studien bedetutender Institute oder das Statistische Bundesamt eine große Hilfe sein.

Zielgruppenansprache

Nachdem du also erfolgreich bestimmen konntest, welche Personen deine Texte lesen werden, kannst du diese im nächsten Schritt konkret ansprechen. Denke dabei zunächst immer an den Mehrwert, den du dem Leser bieten möchtest. Je genauer du deine Zielgruppe sowie deren Bedürfnisse und Lebensumstände kennst, desto einfacher wird es dir gelingen, den Mehrwert zu beschreiben. Allerdings ist auch dieses Wissen nur die halbe Miete.

Möchtest du generell eine Person von einer Sache überzeugen, dann reichen gute Argumente innerhalb eines Textes oftmals nicht aus. Wie so oft im Leben, gilt auch beim Verfassen von SEO-Texten: „der Ton spielt die Musik“. Eine

Grundvoraussetzung für eine erfolgreiche Marketingkampagne ist folglich die Tonalität, mit der du deinen Text verpackst. Damit ist im Allgmeinen die Ansprache von Kunden und die Wortmelodie gemeint. Auch andere Medieninstrumente, wie Bilder oder Videos können den Ton beinflussen und diesen beispielsweise seriös, modern oder künstlerisch erscheinen lassen. Bei der Wahl des angeschlagenen Tons solltest du unbedingt beachten, dass dieser sowohl das Image und die Werte des Unternehmens vertritt als auch die definierte Zielgruppe wirksam anspricht.

Mitunter kann es passieren, dass man den Inhalt eines Themas subjektiv anders wahrnimmt als die Personen, die man damit erreichen möchte. Du solltest deshalb in regelmäßigen Abständen kontrollieren, ob sich der eigene Eindruck mit den Meinungen der Zielgruppe deckt. Ebenfalls nicht zielführend wäre es, dem Textinhalt eine Botschaft zu verleihen, die nicht zu den Werten des Unternehmens - oder generell zu den Vorstellungen des Auftraggebers passt, für den du schreibst.

Neben dem Nutzen für die Zielgruppe und einer geeigneten Darstellungsform ist auch die Glaubwürdigkeit ein wesentlicher Faktor für qualitativ hochwertigen Content. Da das Internet es jeder Person ermöglicht, eigene Inhalte zu publizieren, schwimmt ein gewisses Misstrauen über die Authentizität bei den Web-Usern immer mit. Speziell bei Fachthemen erwarten Leser verlässliche Informationen. Falls du also über Expertise in einem Bereich verfügst, über den du schreibst, dann solltest du diese auch belegen. Überdies können auch Rezensionen von bestehenden Kunden die Glaubwürdigkeit belegen.

Hast du es geschafft, den richtigen Ton für deine Zielgruppe zu treffen, solltest du den Text auf das jeweilige Medium abstimmen, auf dem er veröffentlicht wird. Posts und Beiträge in den sozialen Unterhaltungsmedien wie Instagram können getrost humorvoll und locker daher kommen, während in Karrierenetzwerken wie XING ein gewisses Maß an Seriösität gefragt ist.

Themenauswahl

Das Internet stellt rund um die Uhr und nahezu überall auf der Welt eine riesige Anzahl an Daten zur Verfügung. In der heutigen Zeit ist es uns Menschen somit spielend leicht möglich, gewünschte Informationen per Mausklick innherhalb kürzester Zeit zu erhalten. Im Umkehrschluss bedeutet es aber auch, dass man zu jedem Thema Unmengen an bereits veröffentlichen Infos vorfindet. Die Konkurrenz, die um die Gunst des Lesers buhlt, ist somit ebenfalls so groß wie nie zuvor. Um sich von der Masse abzuheben, benötigt man bei der Themenauswahl im Content-Marketing permanent neue Ideen.

Während des Findungsprozesses solltest du die Ziele des Content-Marketings nie aus den Augen verlieren, denn die Themenauswahl beeinflusst maßgeblich, ob die zuvor definierte Zielgruppe für die kreierten Inhalte begeistert werden kann oder nicht.

Vor der ausführlichen Sammlung neuer Themenideen, solltest du herausfinden, ob es nicht schon hochwertige Inhalte gibt, die in ihrem bestehenden Umfang nachgebessert werden können oder ob es auffallende thematische Defizite gibt. Möglicherweise musst du nicht direkt neuen Content erschaffen, sondern kannst vorhandenen Ressourcen ein neues Gesicht geben.

Ein weiterer Vorteil dieser Content-Analyse ist, dass sich erkennen lässt, welche Themen bei der Zielgruppe gut ankommen und bei welchen Themen dies nicht der Fall ist. So kannst du wichtige Erkenntnisse gewinnen und diese für die spätere Themenfindung berücksichtigen. Du hast die Möglichkeit, an den bisher erfolgreichsten Themen anzuknüpfen und diese weiter auszudehnen und zu fördern. Themen mit ernüchternden Resultaten (Seitenaufrufe, Verweildauer, etc) gilt es, einer weiteren Analyse zu unterziehen, um sie gegebenfalls optimieren zu können.

Auch das Internet selbst ist für die Themenfindung eine geeignete Fundgrube. So kannst du dir auf eine einfache und dennoch sehr fruchtbare Art und Weise einen Überblick verschaffen, was mögliche Themenfelder sein könnten. Ebenso sehr kann es sich lohnen, einen Blick auf die Konkurrenz zu werfen. Welcher Content wird dort besonders wohlwollend entgegen genommen und welche Inhalte fehlen eventuell noch? Diese Nische könntest du dann für dich nutzen, um deinerseits einen wertvollen Mehrwert zu erzeugen. Dabei geht es nie um eine bloße Abkupferung des Wettbewerbs, sondern um eine Sammlung von Inspirationen, die aus einer anderen Perspektive heraus betrachtet, weiterentwickelt werden können.

Gute Texte sollten stets einzigartig sein und die Inhalte auf eine noch nie dagewesene Art und Weise repräsentieren. Hierzu ist es ratsam, dich über Neuigkeiten in der Brache zu infomieren. Halte also Ausschau nach den letzten News der Szene, etwa auf einem News Feed in den sozialen Medien oder blättere in einigen Fachzeitschriften. Du kannst ebenso versuchen, eine besondere Story rund um das Unternehmen, um das es geht, in deinen Text zu integrieren. Mache dich also über die jeweilige Unternehmenshistore schlau. Auch die Befragung eines Spezialisten (Hesteller, Experte oder Mitarbeiter) in Form eines Interviews kann einen spannenden Input liefern. Du siehst also, dass - mit ein bisschen Überlegung - den Möglichkeiten keine Grenzen gesetzt sind.

Offene Fragen klären

Recht selten, in einer idealen Welt, in der Auftraggeber und Texter durch eine jahrelange Zusammenarbeit genau wissen, was sie voneinander verlangen und auch erwarten können, reicht ein Thema, eine Wortanzahl, die Textart und ein Termin. Doch diese ideale Welt ist meistens eine Fantasievorstellung und jenseits der Realität. Jeder Text hat seine eigenen Besonderheiten, daher können Texterinnen und Texter letztendlich auch nur so gut sein wie ihr Briefing, dem der Schreibprozess vorausgeht. Eine Menge Zeit und Geld können eingespart werden, wenn Auftraggeber und Empfänger sich bereits frühzeitig vor der Bestellung oder der Produktion Gedanken über die Rahmenbedingungen machen. Dies gilt übrigens nicht nur für frischen Content, sondern auch für Aktualisierungen und Optimierungen bestehender Inhalte.

Ein erstklassiges Briefing ist immer hilfreich – dabei spielt es keine Rolle, ob es sich um Werbetexte für ein Produkt, Ratgebertexte, oder Blogbeiträge zu einem spezifischen Thema handelt. Zweifellos musst du dir nicht bei jedem Text Gedanken über Sprachstil, Tonalität oder Textstruktur machen, sofern es sich um ein und dieselbe Website handelt. Dennoch solltest du erforschen, ob hier von Anfang an ein Textbriefung unternommen wurde, um einen Rahmen zu manifiestieren.

Als Autorin oder Autor erwartest du vielleicht, dass dich dein Auftraggeber mit seinen Anforderungen und Bedingungen instruiert. Damit hast du grundsätzlich recht, jedoch schützt im negativen Fall „Unwissenheit vor Strafe nicht“. Deshalb solltest du unbedingt aktiv werden und deinen Auftraggeber um ein Briefing bitten, bevor du dich mit aller Macht in die Erstellung des Textes stürzt. Schließlich bist du der „Textprofi“ und solltest deine Kunden bei solchen Abläufen unterstützen. Nur so kann ein zufriedenstellendes Ergebnis und eine längerfriste Zusammenarbeit entstehen.

Dennoch sollte natürlich auch der Auftraggeber auf keinen Fall davon ausgehen, dass ein beliebiger Texter in der Lage ist, jeden Wunsch von den Lippen abzulesen. Eine umfassende Kommunikation ist wichtig, damit ein Texter herausfinden kann, was er mit seinem Inhalt bezwecken und welche Strategie er dabei verfolgen soll. Im schlimmsten Fall schreibst du am eigentlichen Wunsch des Auftraggebers vorbei und produzierst ein eher zufälliges Ergebnis.

Um dies zu verhindern, muss es eine klare Abstimmung über die Rahmenbedungen in Form eines Textbriefings geben. Die folgenden Punkte können einen Aufschluss darüber geben, was in dem Briefing enthalten sein sollte:

- **Ansprache**: Wie soll mit den Lesern kommuniziert werden? Sollen die Leser geduzt, gesiezt oder möglicherweise gar nicht direkt angesprochen werden?

- **Tonalität**: Die Tonalität ist der Sound oder die Atmosphäre des Textes, also wie er klingt, unabhängig von seinen Inhalten. Welcher Ton findet bei der angepeilten Zielgruppe am erfolgreichsten Gehör?
- **Textstruktur, Textlänge:** Damit der Text für das menschliche Auge ansprechend und leserlich wird, ist die richtige Textstruktur unerlässlich. Die Verwendung von Überschriften, Absätzen und anderen Formatierungen wie fett oder kursiv hilft bei der Strukturierung. Die Frage nach der Länge des Textes sollte hier ebenfalls geklärt werden.
- **Auftragsmotiv:** Eine der wichtigsten Verständnisfragen, ist die Frage nach dem eigentlichen Grund des Auftrags. Sollen durch die Texterstellung bestimmte Waren verkauft werden oder soll der Leser zu einem Thema informiert werden?
- **Inhaltsbeschreibung:** Welches Thema wird genau vorgegeben und welche Keywords sollen darin enthalten sein? Bedenke aber, dass es nicht sinnvoll ist, einen Text zu verfassen, der aus einer Aneinanderreihung von Schlüsselwörtern besteht. Vielmehr geht es darum, einen Text zu produzieren, der auf die Leser zugeschnitten ist.
- **Korrekturstufe:** Je nach Länge ist es auch für den professionellsten Texter der Welt mitunter schwierig, den Inhalt ohne Fehler zu produzieren. Schnitzer in

Rechtschreibung, Grammatik oder simple Logikfehler können das Haar in der Suppe sein und die Qualität herabsetzen. Muss der Text also noch Korrektur gelesen werden?

Zusätzliche Textelemente: Dein Text wird beinahe ausnahmslos einen Title-Tag und eine Meta-Description brauchen. Wer kümmert sich um diese Meta-Angaben? Wer formuliert etwaige Zwischenheadlines?

Du siehst also, dass es bei der Erstellung eines suchmaschinenoptimierten Textes um wesentlich mehr geht, als nur die bloße Produktion des Haupttextes. Eine Vielzahl von Fragen, gilt es im Vorwege zu beantworten, damit am Ende ein optimales Schreibergebnis zu Buche steht.

Leseverhalten im Netz

Wie schon zuvor ausführlich beschrieben, ist es für das Verfassen eines qualititativ hochwertigen Textes von enormer Wichtigkeit, die Leserinnen und Leser und ihre Motive zu kennen. Um die Leser vor den Bildschirmen genauer zu verstehen, nimmt dieses Kapitel das Leverhalten im Internet noch einmal genauer unter die Lupe. Hier zeigen sich eindeutige Unterschiede im Vergleich zum Leseverhalten in den Printmedien. Du erhältst nachstehend einige Tipps, wie digitale Texte konzipiert sein müssen, um die Leser besser anzusprechen. Gleich zum Start verrate ich dir eine Tatsache über das Leseverhalten im Netz: Die Besucher wollen im besten Fall nicht großartig nachdenken müssen, sondern sich intuitiv über die Website bewegen und dabei unmittelbar registrieren können, ob die Inhalte ihren Wünschen und Anforderungen entsprechen. Websites und ihre Texte sollen und müssen also in erster Linie funktionieren.

Dabei lesen Menschen online anders als offline, was auf zwei Hauptgründe zurückzuführen ist. Zum Einen wird online bis zu 25 Prozent langsamer gelesen und zum Anderen wird der Besucher zeitgleich mit einer gewaltigen Menge an Informationen konfrontiert. Dies führt beim Leser oft dazu, dass dieser ungeduldig wird, also wird ein Text nicht mehr Zeile für Zeile und Wort für Wort gelesen. Im Internet wird stattdessen gescannt, überflogen und durchkämmt. Die User überfliegen eine Website oder einen Online Text in kürzester Zeit und suchen dabei Schlüsselwörter, die für sie eine Relevanz besitzen. Dies solltest du bei der Erstellung von Inhalten definitiv berücksichtigen. „Don't make me think" ist der Zauberspruch, um Leser für seine Inhalte zu gewinnen.

Verglichen werden kann das Leseverhalten im Internet mit dem abendlichen Restaurantbesuch. Allerdings bestellen wir nicht à la carte, sondern gehen an das Buffet. Anstatt uns sämtliche angebotenen Speisen zu vergegenwärtigen, scannen wir das Buffet bereits aus der Distanz ab. Dabei sind unsere Augen zielgerichtet auf die für uns relevanten Gerichte. Vielleicht bist du gerade auf Diät und möchtest bewusst auf schwere Kost verzichten. Dann wirst du dich wahrscheinlich eher an der Salatbar orientieren als an den Chicken Wings.

Um herauszufinden, wie sich die Augen der Leser über den Bildschirm bewegen, haben Forscher durch das Eyetracking sogenannte Heatmaps erstellt. Auffällig ist, dass die Bewegung der Augen auf der Suche nach relevanten Schlüsselwörtern den Buchstaben „F" erzeugt. Leser überfliegen demnach die ersten Zeilen, springen zum nächsten Absatz und zielen weiter nach unten, um in den folgenden Absätzen herauszufinden, ob im Text etwas enthalten ist, das für Sie von Bedeutung ist.

Leser lesen selten den ganzen Text, sondern überfliegen diesen, brechen mitunter ab und setzen an anderer Stelle wieder neu an. Sie befinden sich stets auf der Suche nach den Leckereien, wie es beim Buffet auch der Fall ist. Durch das Eyetracking konnten Forscher feststellen, dass besonders herausstechende Merkmale im Text überaus anziehend auf die Leser wirken. Headlines, Fettungen oder farblich untermalte Links laden die Augen der Leser zum Verweilen ein.

Weiterhin ergaben die Forschungen, dass Texte sehr wohl vollumfänglich gelesen werden, wenn Sie für den Seitenbesucher sowohl relevant als auch interessant sind. Damit deine Texte wirksam und erfolgreich werden, solltest du sie also so gestalten, dass die Leser sie direkt scannen können. Es sollte sofort ersichtlich sein, ob der Inhalt relevant und interessant ist.

Textgestaltung für den Leser

Das Leseverhalten der Webnutzer gibt uns Aukunft darüber, wie ein Text im Internet konzipiert werden sollte. Es lassen sich nun Regeln zu Aufbau und Struktur eines Webtextes herleiten, damit er seine Wirkung entfalten kann. Diese schauen wir uns nun im Folgenden an.

Struktur und Aufbau

Ein guter Webtext steht und fällt mit seinen Überschriften. Lege daher viel Wert auf das Verfassen von kreativen, aussagekräftigen und emotionalisierenden Headlines, die das Interesse des Lesers entfachen und ihn zum Weiterlesen animieren. Sind die Überschriften von schwacher Qualität, hast du den potentiellen Leser wahrscheinlich schon verloren.

Da ein Leser es meist eilig hat und schnellstens an sein Ziel gelangen möchte, ist seine Aufmerksamkeit äußerst limitiert. Die Entscheidung, ob ein Text relevant ist oder nicht, wird innerhalb weniger Sekunden getroffen. Achte daher unbedingt beim Verfassen deines Textes darauf, die wichtigsten Informationen an den Anfang zu stellen und dabei alle üblichen W-Fragen zu beantworten. Anschließend folgen Ausführungen und Details, die die Thematik untermalen. Am Ende des Textes kannst du Hintergrundinformationen benutzen, um für zusätzliches Wissen zu sorgen. So ist dein Text von hinten leicht kürzbar, ohne dass dem Inhalt die relevantesten Punkte verloren gehen.

Um den Leser nicht zu überfordern, solltest du deinen Text in kurze Abschnitte mit Zwischenüberschriften unterteilen. Eine ausgefeilte und übersichtliche Gliederung sorgt dafür, dass das menschliche Auge die enthaltenen Informationen einfacher aufnehmen kann. Ein Absatz ist grundsätzlich bei jedem neuen Gedanken empfehlenswert, spätestens aber nach 150 Wörtern, um keine Textwüste zu erzeugen, die den Leser ermüdet.

Zusätzliche Aufmerksamkeit erzeugen auch Texthervorhebungen, denn sie weisen die Leser daraufhin, dass es sich um eine relevante Information handelt, die sie nicht verpassen sollten. Jedoch solltest du aufpassen, nicht zu viele Wörter oder Textpassagen zu markieren, denn ein inflationärer Einsatz bewirkt genau das Gegenteil und wirkt zudem unprofessionell, da der Autor offensichtlich selbst nicht weiß, welche Stellen relevant sind und welche nicht.

Inhalt und Schreibstil

Um deinen Text auch sprachlich zu optimieren, ist es wichtig, auf einige Basispunkte zu achten. Der Inhalt sollte für den Leser leicht verständlich sein. Verzichte daher auf unnötig lange Satzgefüge und Schachtelsätze. Ein prägnanter, aussagekräftiger Satz sollte nicht mehr als 15 Wörter enthalten. Besser ist eine umfangreiche Äußerung auf zwei oder drei kürzere Sätze zu verteilen.

Verwende in deinem Text aktive Formulierungen. Durch sie sprichst du die Leser direkt an und erzeugst indirekt eine Aufforderung zur Handlung.

- Passiv: „Interessenten sind dazu aufgerufen, sich bis zum Ende des Monats anzumelden".
- Aktiv: „Wenn du dich für dieses Seminar interessierst, melde dich bis zum Ende des Monats an".

Viele Autoren halten die Schwerfälligkeit ihrer Sprache nicht selten für ihren einzigartigen Schreibstil. Dabei sind es realistisch betrachtet immer wieder dieselben Dinge, die einen Text unnötig verkomplizieren. Achte daher auf einen flüssigen Schreibstil, der dem Niveau und den Erwartungen deiner Zielgruppe entspricht. Überlege dabei regelmäßig, ob deine Texte wirklich nutzerfreundlich gestaltet sind und für die zukünftigen Leser einen Mehrwert bietet.

Um Suchmaschinen von einer hohen Nutzerfreundlichkeit zu überzeugen, kannst du deinen Text in übersichtliche Teilabschnitte aufteilen, in denen auflockernde Elemente enthalten sind. Dies können beispielsweise Infoboxen oder Aufzählungslisten sein. Der Content wird so für den Nutzer optisch ansprechender, was die Verweildauer auf der Seite erhöht und somit positive Auswirkungen auf die Bewertung von Google & Co. haben wird.

Keyword-Recherche

Vor dem Verfassen eines Textes solltest du unbedingt eine Keyword-Recherche durchführen. Anhand dieses Prozesses findest du heraus, welche Begriffe die Nutzer in das Suchfenster der Suchmaschine eingeben. Hierbei kannst du aufklären, ob deine Zielgruppe bei Google nach Lösungen für ihr Problem sucht und welche Keywords dabei verwendet werden. Die anschließende Analyse hilft dir dabei, die Wünsche, Ängste und

Bedürfnisse deiner potentiellen Leser zu verstehen und du erfährst, welche Sprache diese sprechen. Somit kannst du besser abschätzen, ob ein Blogartikel ankommen wird oder nicht. Denn wenn ein Problem anhand eines Keywords gegoogelt wird, kannst du es dir zu Nutze machen, um damit mehr Besucher anzulocken.

Deine Recherche beginnst du dabei üblicherweise mit einem Brainstorming. Dabei ist das Ziel, den Menschen der hinter der Sucheingabe steht, besser zu verstehen. Warum suchen potentielle Leser nach dem Thema und welche Lösungen haben sie im Sinn? Nicht jeder auf den ersten Blick passende Suchbegriff ist auch wirklich sinnvoll. Gute Schlüsselwörter zeichnen sich dadurch aus, dass sie relevant sind und das Suchvolumen zur Stärke der Konkurrenz und zum erwarteten Traffic passt. Kurzum bedeutet das: Wird ein Keyword zwar gut gesucht, aber der Wettbewerb auf diesem Begriff ist enorm stark, dann gibt es vermutlich ein effektiveres Keyword.

Es erwartet niemand, dass dir alle relevanten Suchbegriffe und Umschreibungen des Begriffs auf Anhieb selbst einfallen. Du kannst aber einige SEO-Tools nutzen, die dir bei der Suche nach optimalen Keywords helfen. Der ausgewählte Begriff wird an prominenten Stellen der Seite eingesetzt. Dies sind in der Regel Überschriften, Zwischenüberschriften und der Anfang des Fließtextes. Überschriften werden in der textbasierten Auszeichnungssprache HTML von H1 bis H6 gegliedert, wobei

H1 die Hauptüberschrift darstellt, die zwingend das Keyword enthalten sollte.

Zusammenfassung der wichtigsten Punkte für dein Brainstorming:

- Erstelle eine Liste der angebotenen Produkte und Dienstleisungen
- Suche nach Synonymen (hierfür kannst du z.B. Online Thesaurus nutzen)
- Nutze Umschreibungen, die das Angebot indirekt ausdrücken („Google Ranking optimieren“ anstatt SEO)
- Verwende ergänzende Adjektive („massiv“, „stabil“, „günstig“, „hochwertig“)
- Verwende treffende Verben („kaufen“, „mieten“, „leihen“)
- Verwende sinnvolle Nomen, die das Angebot beschreiben („für Jedermann“, „in Hamburg“, „Beratung“

Google Keyword Planner

Sind die eigenen Ideen zu Papier gebracht, können Tools und Wettbewerber-Seiten dazugeholt werden. Googles Keyword Planner (ein aktiver Google Ads Account vorausgesetzt) schlägt etwa Begriffe für eine eingegebene URL vor. Diese treffen zwar nicht immer direkt zu einhundertprozent den Kern, jedoch liefern die Vorschläge Inspiration und dienen somit als ergänzende Ideen. Zudem sind die Empfehlungen nicht auf die eigene Domain limitiert - auch fremde URLs können verwendet werden. Die folgenden Seitentypen qualifiizieren sich als Quelle für das Google Keyword Tool:

- Die eigene Seite / Landingpage
- Fremde Seiten / Landingpages (z.B. von Mitbewerbern)
- Google News (Eingabe des Keywords und Kopie der URL)
- Die Wikipedia Seite für die entsprechende Kategorie
- Printmagazine und Zeitschriften aus der jeweiligen Branche

Der Google Keyword Planner hilft Dir dabei, wenn du lediglich mit einer Hauptkategorie ausgestattet bist und nach weiteren relavanten Begriffen suchen möchtest. Wenn Du beispielsweise einen Webshop zum Thema „Sportlernahrung" betreust und dir dabei nicht ganz sicher bist, welche weiteren Begriffe für die Textoptimierung in Frage kommen, dann kannst du das Haupt-Keyword ganz einfach in den Planner eintippen und die Suche starten. Die Software startet anschließend die Suche auf Basis dieses Haupt-Keywords und liefert dir zügig weitere Suchbegriffe. Diese können zudem auf Wunsch nach möglichen Anzeigengruppen sortiert werden.

Speziell für eine ökonomisch bedeutsame Website wie Online-Shops sind transaktionale Keywords essentiell. Eine Faustregel besagt, dass die Suchmaschinenoptimierung umso anspruchsvoller wird, je größer der Wettbewerb zu einem Thema ist. Der Keyword Planner assistiert sehr effizient, die Begriffe mit dem stärksten Traffic zu ermitteln und gewisse Nischen ausfindig zu machen, in denen der Wettbewerb nicht so stark ausgeprägt ist. Das Tool bietet dir also die Möglichkeit, ganze Keyword-Listen zu erstellen, die gleichermaßen die strategische Ausrichtung optimieren. Auch können für die Suchmaschinenoptimierung zwei Listen mit Keywords in das Tool hochgeladen werden. Der Google Keyword Planner generiert dann eine Kombination aus beiden und darüber hinaus noch potentielle neu Longtail-Keywords. Diese Keyword-Impulse eignen sich beispielsweise für die Optimierung von Produkt-Seiten in Webshops. Ferner lassen sich zusätzlich Filter erstellen. Das hat den Nutzen, dass nicht willkommene Neben-Keywords vorab ausgeschlossen und in den Ergebnislisten nicht dargestellt werden.

Nutzer sollten jedoch immer berücksichtigen, dass die Hauptfunktion des Google Keyword Planners die Optimierung von Werbekampagnen darstellt. Alle Funktionen für die Suchmaschinenoptimierung sind eher als nützliche Nebenprodukte anzusehen. Daher sollten ergänzend immer auch semantische und artverwandte Analysen zur Optimierung beitragen. Mit der Formel WDF*IDF (within document frequency*inverse document frequency) wird das Vorkommen eines Schlüsselbegriffs auf einer Seite in das Verhältnis zu allen anderen Seiten, die mit diesem Keyword ranken, gestellt. Somit kannst du die optimale Gewichtung eines Keywords in deinem Text erzielen. Der Gebrauch der Formel ist allgemein bei der Suchmaschinenoptimierung anerkannt und die positiven Effekte auf das Ranking wurden mehrmals nachgewiesen.

Google hat im Zuge seines „Hummingbird-Updates", einer Änderung im eigenen Suchalgorithmus, dafür gesorgt, dass Sätze zunehmend semantisch erfasst werden und somit das Themenumfeld eines Keywords eine größere Bedeutung erhält. Ein inflationärer Gebrauch von Keywords verursacht also keineswegs ein besseres Ranking, sondern kann im schlimmsten Fall sogar abgestraft werden.

Sind möglichst viele Begriffe gefunden, gilt es im nächsten Schritt, diese zu kombinieren, um eine hohe Anzahl möglicher Keywords zu generieren. Schlichte Begriffe wie „SEO" oder „Werbeagentur" besitzen zwar das höhere Suchvolumen, sind dafür leider ziemlich hart umkämpft. Spezifischere Kombinationen relevanter Begriffe („SEO Hamburg" oder „Werbeagentur TYPXY") bewirken normalerweise weniger Suchanfragen, dafür grenzen sie sich von der Masse ab, was ein Ranking wahrscheinlicher macht. Zudem konvertieren Suchende mit spezifischeren Anfragen eher als solche, die allgemeine Begriffe verwende. Du kannst die Kombinationen entweder manuell erstellen oder aber auf weitere Tools, wie zum Beispiel „Mergewords“ zurückgreifen. Hierbei handelt es sich um einen „Keyword-Shufller“, der die Kombination der Begriffe per „copy and paste“ vornimmt.

Beispiel: Anwaltsportal

Ein Anwaltsportal möchte herausfinden, ob sich eine Optimierung für den Begriff „Anwalt“ auszahlt. Da sehr oft Anwälte in lokalen Regionen gesucht werden, soll dies zwingend berücksichtigt werden. Entweder man nimmt sich der Sache manuell an oder man benutzt den „Keyword-Shuffler“, um optimale Kobinationen zu erhalten. Den Begriff Anwalt könnte man auch noch weiter spezifizieren, sodass daraus folgende Kombinationen entstehen könnten:

- Anwalt Norddeutschland
- Jurist Hamburg
- Fachanwalt Hamburg
- Rechtsbeistand Hamburg

Beispiel: Online-Shop

Auch für einen Online-Shop ist es notwendig, treffende Kombinationen bei der Keyword-Recherche vorzunehmen. Hierbei kommt es logischerweise weniger auf lokale Begriffe, wie Städte oder Bundesländer an, sondern vielmehr auf

Transaktionsbegriffe wie „online“, „preiswert“ oder „kaufen“. Diese Begriffe verklickern dem Suchenden, dass er Produkt „XY“ erwerben möchte. Für einen Shop, der Proteinpulver vertreiben möchte, könnten folgende Kombinationen eine gute Lösung darstellen:

- Proteinpulver kaufen
- Proteinpulver bestellen
- Proteinpulver online
- Proteinpulver günstig
- Eiweißpulver bestellen
- Eiweißpulver shop
- Eiweißpulver online

Schlusswort

Wenn du dieses E-Book aufmerksam gelesen hast und bis zum Ende dabei geblieben bist, dann befindest du dich jetzt auf einem sehr guten Weg. Du hast dir eine ideale Basis erarbeitet, um in den Ergebnisseiten der wichtigsten Suchmaschinen aufzusteigen und ein höheres Ranking zu erzielen. Ferner hast du dich über den Prozess der Suchmaschinenoptimierung ausgiebig informiert und kennst die wichtigsten Elemente, die es bei der Verbesserung deiner Position in den Ergebnissen einer Suchmaschine zu beachten gilt. Um den perfekten SEO-Text zu kreieren und deine Website zu optimieren, benötigst du die optimale Mischung aus OnPage-und Offpage-Faktoren, passenden Keywords, einem geeigneten Vokabular, das auf deine Zielgruppe ausgerichtet ist, Kreativität und eine Prise Fantasie.

Mit der korrekten Anwendung der erlangten Kenntnisse ist es dir möglich, auch ohne Hinzunahme einer preisintensiven SEO-Agentur durchzustarten und du kannst deine Texte auf ein neues Level anheben.

Viel Spaß dabei!

P.S: Ich freue mich, dass du dieses Buch bis zu Ende gelesen hast. Wenn dir das Buch weitergeholfen hat, würde ich mich über eine Rezension bei Amazon freuen. Eine solche würde dem Buch wirklich sehr weiterhelfen.

Vielen Dank und Herzliche Grüße

Impressum

Name und Anschrift des Autors

Stefan Roth

Möllner Landstraße 87

21509 Glinde

digitaledienste@gmail.com

Printed in Poland
by Amazon Fulfillment
Poland Sp. z o.o., Wrocław

10762111R00060